P9-APZ-739

La guía para encontrar el amor... y otras relaciones en internet

Salvador Velarde Ruiz

La guía para encontrar el amor... Y otras relaciones en internet
Salvador Velarde Ruiz

Editado por:
PUNTO ROJO LIBROS, S.L.
Cuesta del Rosario, 8
Sevilla 41004
España
902.918.997
info@puntorojolibros.com

Impreso en España
ISBN: 9788416068319

Maquetación, diseño y producción: Punto Rojo Libros

Agradecimientos

Quiero agradecer a todos los colabores, cuyos testimonios han servido para impulsar la investigación de las redes de encuentros sociales:

Carolina, Nieves, Asun, Pilar, Roberto, Silvia, Cristian, Javi, Fani, Rosario, Verónica, Teresa, Sonia, Esther, Mercedes, y un interminable etcétera de grandes personas que han preferido mantenerse en el anonimato de un nick.

No quiero olvidar mi gratitud a la buena fotógrafa y mejor amiga Sara Quirós, así como a todos los usuarios y lectores que cada día siguen las publicaciones en Nuestro Portal de internet www.desarrollopersonalypsicologia.es

Finalmente agradecer a las dos personas más importantes para que este libro haya salido a la luz bajo mi autoría, mis padres:

Salvador y Gloria.

Índice

La guía para encontrar el amor... y otras relaciones en internet

Prólogo

Me llamo Salvador Velarde Ruiz y he de confesar que me equivoqué...

Buscaba aprovechar las redes de encuentros sociales o RES, como las llamaré a partir de ahora, para documentar un artículo sobre el análisis de las relaciones interpersonales online. Insisto, me equivoqué...

...Encontré bastante más que eso. Encontré lo que tienes entre tus manos.

Las RES son un nuevo y complejo mundo de interacciones personales que se rige por nuevas reglas. Reglas que necesitamos aprender para el éxito en esta aventura.

Las Redes de encuentros sociales, se diferencian de las típicas redes sociales, como Facebook o Twitter, en el objetivo de su uso. La finalidad de una RES es poner en contacto a personas desconocidas entre sí, para entablar relaciones.

En las RES no encontramos un fin divulgativo o informativo sobre acontecimientos, noticias, sucesos cotidianos, o una presentación de las mejores imágenes de nuestras últimas vacaciones. Las Res nos presentan candidatos, candidatos a varios tipos de interacciones.

Espero que este libro sirva de guía y manual básico de instrucciones, para toda aquella persona que se embarque en una empresa de este tipo. Espero que sirva para no perderse en el intento, para no frustrarse, para acercarse al objetivo elegido. En resumen, para hacerse más feliz en esta lucha por encontrar personas con las que compartir el valioso tiempo de nuestra vida.

A lo largo de los 33 capítulos que conforman esta guía, iremos desgranando un sin fin de situaciones relacionales pintorescas. Aportaremos una serie de recomendaciones desde el punto de vista de la psicología y el desarrollo personal, que permitan al lector poder afrontar la búsqueda de una forma adaptativa, sana, y por supuesto eficaz.

Nota informativa:

Se recomienda a las personas, que estén siguiendo terapia psicológica u orientación en desarrollo personal alguna, consultar primero con su terapeuta, la conveniencia de usar las redes de encuentros sociales.

1-El cambio de chip

Las RES no son como la realidad externa cotidiana (de ahora en adelante me referiré a ella como: la realidad). Si bien se dan situaciones y comportamientos como los producidos extranet, en una RES las reglas no escritas de comportamiento cambian, lo sobreentendido funciona a otra velocidad, y los prejuicios tienen una preponderancia mucho mayor.

Lo primero que alguien debe asumir es esta idea:

"El cambio de chip"

Entramos en un nuevo mundo en el que nos vamos a relacionar con personas totalmente desconocidas, que además, no vamos a tener cara a cara mientras las intentamos conocer.

Esta característica de misterio y anonimato, provoca un nuevo sin fin de situaciones y conductas "extrañas". Encontraremos comportamientos que en la calle son poco frecuentes, o en el caso de producirse, la persona que los lleva a cabo caería en la sanción social.

Cuando alguien se inscribe en una RES ha de tener en cuenta que sus métodos de conocer, conquistar, entablar conversaciones, o llamar la atención de las personas, han de readaptarse a la situación online.

Amén de readaptar las conductas ya existentes, se han de aprender y adoptar conductas nuevas. Adquirir comportamientos que no necesitamos emplear en nuestra realidad diaria, pero que en las RES son de obligatorio uso para sobrevivir y alcanzar el éxito.

En una plataforma de encuentros sociales no valen los trucos de seductor discotequero, o las artimañas flirteo de reuniones sociales con amigos de amigos.

Lo primero a asumir es que entramos en un mundo nuevo y diferente de interacciones personales. Hemos de ser conscientes de que estas nuevas reglas son desconocidas para nosotros, y por lo tanto, tenemos que llenarnos de humildad para permitirnos su aprendizaje.

Necesitaremos paciencia, para no desanimarnos ante la frustración de no entender lo que los demás hacen.

Sin este primer paso, sin el cambio de chip, caeremos en la decepción y en pensar que las RES son un mundo de desadaptados o desequilibrados sociales. Marginados de las relaciones que han de resguardarse aquí porque en la realidad fracasan. Terminaremos creyendo que no podremos encontrar a nadie que merezca la pena.

Esta y otras muchas conclusiones negativas nos vendrán a la cabeza después de cada descalabro o decepción sufrida en este nuevo orden de relaciones personales.

Todo ello, porque pensamos que la seducción online es similar a la empleada en la realidad…

…y la realidad es, que no lo es en absoluto.

Recomendación: Esfuérzate en aprender para adaptarte a este nuevo entorno. Permítete fracasar en el intento, prepárate para no entender muchas de las cosas que suceden. Para no comprender gran parte de las actitudes recibidas. Mentalízate para un mundo nuevo de reglas interpersonales, donde sin duda el que mejor se adapte, evolucionará.

Cuando este cambio de chip hayas logrado, podrás empezar a sacar el gran y variado partido que tienen las RES.

2-Ordena tus prioridades

"No hay viento favorable para un barco sin destino" Anónimo.

Las Redes de encuentros sociales son universos de infinitas posibilidades donde es fácil perderse si uno no sabe lo que quiere, lo que busca, o por lo menos lo que no quiere encontrar.

La multitud de personas y sus circunstancias, hacen que nos podamos encontrar de todo, y toda intención imaginable. Es por esto, que lo fundamental para no naufragar constantemente en las RES, es pararse a pensar y decidir qué se busca en esta aventura.

Cuando a mis usuarios les hago la pregunta estándar de bienvenida a una conversación:

"¿Qué buscas aquí?"

La mayoría devuelven frases abiertas y tópicas: como "Lo que surja" o "Conocer gente". No queremos señalar estas respuestas como falsas, pero si carecen del detalle necesario para poder orientar nuestra convivencia en la RES. Expresan poco acercándose a nada, sobre lo concreto de nuestra búsqueda. Y por consecuencia no orientan demasiado a nuestros interlocutores sobre lo que nos han de ofrecer, o lo que valoraremos de sus intenciones.

Aprovechamos aquí para anticipar a nuestros lectores, lo conveniente de ir preparando una respuesta a esta pregunta universal, tarde o temprano alguien la pondrá en nuestra pantalla. El desarrollo personal nos insinúa siempre el mismo espíritu:

"La verdad es el camino que te lleva más lejos".

Necesitamos pues, pararnos en este punto del viaje y aclarar nuestros objetivos. Muchas personas terminan en las RES, por casualidad, por accidente; o porque el camino de desconcierto que emprendieron en un momento de dudas existenciales, les trajo a esta estación de paso, empujadas por el consejo de algún amigo.

Encontrareis a muchas personas que no saben responder a esta pregunta. Personas que están en la RES sin saber qué quieren, sin saber qué hay, ni qué se les puede ofertar. Un día abrieron una cuenta y empezaron a entretenerse. Personas aburridas de las nuevas series televisivas de reposición constante, de los programas del corazón, o de los eventos deportivos en directo.

La forma de afrontar la interacción con este tipo de usuarios, será tema de episodios posteriores de esta guía.

Volvamos al ahora. En una RES una persona puede encontrar desde la más mínima interacción o conversación por chat (que no pase a más y no vuelva a repetirse con ese mismo usuario), hasta una relación sentimental de compromiso, pasando por quedadas online para chatear, breves citas en la realidad para conocerse, encuentros sexuales esporádicos, aventuras eróticas sin compromiso, una amistad, clientes para su negocio, etc. En resumen las redes de encuentros sociales nos ofrecen todas las variantes que se pueden encontrar al conocer personas. Y es precisamente, esta gran amalgama de posibles objetivos, la que nos obliga a priorizar lo que buscamos.

Lo mínimo que debemos tener presente al entrar a una RES, es lo que NO queremos encontrar. Esto, ya es un principio.

Hemos de ser capaces de concretar y concretarnos. De explicar bien a nuestros conversadores lo que buscamos. De lo contrario perderemos nuestro tiempo y se lo haremos perder a los demás.

Lo recomendable es especificar claramente en nuestro perfil si tenemos alguna característica que NO nos gustaría encontrar, o alguna situación que NO estemos dispuestos a tolerar (por ejemplo, sexo directo y sin más preámbulos), para así ir cribando a aquellos cuyas intenciones nos lleven a ese agujero negro.

De la misma manera, podemos señalar características de personalidad o conductas con las que no queremos toparnos en el camino. El ejemplo de esto que más se encuentra en las RES es "la mentira". En numerosos perfiles encontraremos personas que piden y exigen como atributo personal imprescindible: la sinceridad.

Para el cometido de señalar lo NO deseado, podemos recordar y analizar las características de las personas que en la vida real no nos gustan, o nos han hecho sufrir. Una vez hecho este autoanálisis de repulsiones, los destacamos en el perfil:

Ejemplo: no deseo relacionarme con alguien que sea egoísta, que intente salirse siempre con la suya, que busque sexo sin más, que sea impuntual, que no cuide su higiene personal, etc.

Si además de lo que NO queremos, somos capaces de ir más allá y establecer nuestras prioridades deseadas tanto para la situación a lograr, como en lo referido a las características personales que nos seducen, la mitad del trabajo de criba estará hecho simplemente con leer nuestro perfil.

A la hora de describir lo que buscamos en las personas es importante que no seamos muy ambiguos ni generales. Hay perfiles de las RES, como el siguiente:

Busco: Que sea un hombre de bien.

Prácticamente cualquiera podría considerarse un hombre de bien, en base a sus propios criterios.

Al profundizar en la charla con esta persona encontramos que quería a alguien que no se aprovechase de ella y la tratase con sinceridad. Esta idea se puede concretar de forma más operativa. De esta manera, la usuaria que la escribió en su perfil, se hubiese ahorrado las numerosas interacciones con personas que entienden por ser hombres de bien, el no tomar drogas, no robar y tener un trabajo decente.

La concreción de nuestros deseos y aspiraciones nos ayudará a no encontrarnos con falsos positivos, que han llegado hasta la puerta de nuestro perfil por subjetivas interpretaciones.

Otro ejemplo de ambigüedad, habitual en las RES es el siguiente:

Busco: Conocer gente.

La actividad "conocer gente" es muy extensa. Puede reunir demasiados objetivos dentro de esta generalidad. Del mismo modo se presupone que alguien inscrito en una RES, lo hace en base a conocer gente, por lo que la información que aporta esta sobreentendida de antemano.

Si se interpreta esto sin más, parece nos indicaría que le vale cualquier tipo de interacción. A posteriori al hablar con esta persona, se descubrió que en realidad quería conocer a alguien para tener una relación tradicional.

La ambigüedad mostrada en su "conocer gente" le dio lugar a recibir muchas ofertas de sexo y aventuras, que no le satisfacían y que le llevaron a sentirse incómoda en la RES, y estar pensando abandonarla.

Parecido nos ocurrió con el siguiente ejemplo.

Busco: "Lo que surja"

En este caso, decidimos ser más directos y encuestarle por una de las situaciones peor vistas en las RES, el sexo a secas.

La persona comentó que en ningún caso le gustaría este tipo de encuentro, sus palabras fueron "eso a mí no me surge así". Nuestra siguiente pregunta fue ¿Y cómo alguien sin conocerte puede saber si a ti, eso nunca te surgiría así?

Un ejemplo más, en la sección "Busco", se leía lo siguiente:

"No estoy aquí para perder mi tiempo con conversaciones absurdas que no llegan a nada".

Pedimos, que cada uno de nuestros lectores interprete esta idea. La solución tras chatear e investigarlo con la usuaria en cuestión era:

"No me gustan las conversaciones sexuales salidas de tono".

¿Alguien había interpretado exactamente eso al leerla? Esta chica nos manifestó que vivió muchas interacciones y preguntas como la nuestra que acabaron en una breve conversación para aclarar el significado, y nada más después... ¿No es eso tener conversaciones que no llegan a nada? Es muy importante concretar y definir bien lo que se quiere o no se quiere encontrar.

Recomendación: Especifica en tu perfil de la manera más exacta, concreta y operativa posible, al menos, lo que NO quieres que te ocurra. También el tipo de persona y comportamiento, que NO quieres encontrar. Si además puedes detallar lo que te hace feliz de los demás, gran parte del camino de tropiezos y búsqueda infructuosa habrá sido esquivado.

Reflexiona y ten preparada una respuesta clara y sincera a la cuestión: ¿Qué buscas aquí?

3-La importancia de la fotogenia

Definición de fotogénico, según el diccionario de la Real Academia de la Lengua Española:

"Lo que resulta bien en fotografía".

Definición del diccionario de la Real Academia de la Lengua Española para el término, belleza:

"Propiedad de las cosas que hace amarlas,
infundiendo en nosotros deleite espiritual".

Existe una sensible diferencia entre una persona fotogénica, es decir que queda bien en fotografías, y una persona bella. Esta esencial diferencia, nos lleva a que las RES sean mercados de fotogénicos, y no mercados de personas bellas.

No somos conscientes de esto, cuando abrimos un perfil y hacemos clic en las fotos de la persona a descubrir. No somos conscientes, de que lo que estamos viendo de ella es su fotogenia, no su belleza.

Muchas personas en una foto no muestran su belleza natural, sin embargo la visión de estas en la realidad nos sorprende gratamente. Esto son los falsos negativos. Es decir rostros que descartamos por que la foto no nos atrae, aunque si los tuviésemos delante algo más de atracción sentiríamos. Este caso nos hace perder muchas oportunidades de conocer personas que nos gustarían físicamente simplemente por el hecho de que usan fotos mal hechas, o son poco fotogénicas.

Otros casos son los falsos positivos, es decir, personas que en una foto salen genial, por habilidades del fotógrafo, retoques o simplemente porque son fotogénicas. Después en la realidad, al tenerlos delante no nos transmiten tanto atractivo. Los falsos positivos nos hacen perder tiempo y ganar decepciones. Pues hemos dedicado algunas horas de nuestro tiempo, a conversar y acordar un encuentro con alguien, que tenía una foto "engañosa" sobre su atractivo real.

Encontraremos casos donde las fotos nos suscitarán una repulsión extrema o una atracción tan pronunciada, que las variaciones fotogénicas apenas variarán nuestra conclusión en el encuentro real. Estos casos son los menos habituales. Normalmente las personas que vemos en el catálogo de rostros de las RES nos suponen un atractivo o repulsión pequeñas, lo que si puede dar lugar a variaciones sustanciales en el veredicto cuando las tengamos en frente.

Por ejemplo nos podemos encontrar a alguien que nos resulta agradable a la vista en una foto, y sin embargo nos decepcione en la realidad. Y por contra, aquel usuario que no nos llame nada la atención en fotogenia, pero nos sorprenda gratamente al tenerlo en vivo.

Además de la cualidad fotogénica de cada uno, en la fotos (salvo hechas y dirigidas por profesionales) es muy complicado captar la comunicación no verbal del fotografiado. Es decir, lo que nos transmite en los no tangibles del morbo, como la forma de mirar, la sonrisa, su gesto facial cuando nos habla y escucha. Estos detalles NO reflejados en una instantánea, marcan el aspecto definitivo de que alguien nos atraiga o no, son los "intangibles de la atracción".

A todos nuestros lectores les habrá sucedido sentirse atraídos por personas que no les gustaban físicamente a simple vista, siendo después el contacto con ellas, lo que les sedujo de manera inesperada. Personas que colocadas en fila de a uno en una rueda de reconocimiento de belleza, no habrían sido los elegidos como sospechosos de atraernos.

¿No son las Res... una gigantesca rueda
de reconocimiento de belleza?

En una RES el físico tiene una importancia mayúscula. El aspecto externo determina entre un 80 y un 90 % la probabilidad de ser atendida/o o no, por los otros usuarios.

Encontramos estas estadísticas, incluso en la psique femenina. La cual tradicionalmente ha sido destacada por sentimental y practicante de la seducción interior. Prejuicios sociales estos, más propios del feminismo extremo que de la realidad actual de la mujer de hoy. En la actualidad, se van desechando estás rémoras educacionales que colocaban a lo femenino alineado contra sus propios apetitos naturales.

Las personas son personas, e independientemente de su sexo o género, pudiendo llegar a tener motivaciones muy similares según sus estados vitales.

Hasta mitad del siglo pasado una mujer no podía mostrar en público apetitos sexuales. A principios de este, eso ya se empieza a aceptar. Está avanzado y muy igualado con la imagen masculina, el hecho de que la mujer ya accede y pide sexualidad sin emoción, de manera directa. Sabe que la necesita, y sabe que la puede disfrutar sin complejos románticos de por medio. Otra cuestión es, que siga recibiendo castigos sociales por hacerlo.

La sociología de lo femenino empieza a admitir que una mujer se deja llevar por un físico tanto como un hombre, y en una RES sobre todo, no existe diferencia alguna.

El problema que puede suponer esto, para un hombre que entra a una RES, es el pensar que dichos prejuicios sí existirán. El hombre que piense que las chicas serán sensibles y únicamente interesadas en la forma de ser, sufrirá múltiples descalabros. Sobre todo cuando algunas de ellas, obnubiladas por el desconocimiento de sus propias contradicciones entre lo educado social y lo que en realidad sienten o quieren, inundan sus perfiles de indicaciones sobre la personalidad de la pareja buscada.

Esto termina siendo confusamente contradictorio, al no estar liberadas de los tabúes sobre su sexualidad, acaban tropezando en la incoherencia de pedir aspectos emocionales, de cariño, forma de expresarse, simpatía, agrado, etc. Pero cribar directamente por el físico, si este no es sumamente atractivo (cosa que deja entrever que el objetivo oculto incluso para ellas mismas no es precisamente una amistad sin más).

Sirva la siguiente historia real en una RES, de ejemplo:

El hombre tiene una entrada original y divertida que da lugar a una agradable charla, en la que la chica admiraba, elogiaba y daba gracias por haber encontrado alguien así esa noche, conforme fue avanzando la conversación: "Me acabas de alegrar la noche" fueron las palabras literales de la chica.

El hombre mantenía sus fotos reales ocultas, cuando la chica comenzó a insistir en querer ver las fotos. Se produjo un fenómeno muy común en las RES, vio unas fotos que no le supusieron ningún atractivo físico, y abandonó la conversación sin la más mínima explicación ni palabra.

Días después se logró que esa usuaria admitiese que no estaba interesado en ese físico. Despreció a nuestro testigo por su físico, justo después de sufrir un orgasmo por el interior.

Al entrar en el perfil de esta usuaria encontramos una serie de gustos de sensibilidad y detalles interiores que busca en alguien. Cuando lo que en realidad buscaba era..."Una foto que le atrajese". El usuario testimonio de nuestra historia, desgraciadamente sólo le aportaba todo lo demás que pedía.

Esta contradicción femenina viene impulsada por una serie de causas:

—Huir de la imagen social de chica sexual, asociada a una moral distraída o vejatoria.

—Intentar desmarcarse de la imagen negativa que siempre se ha usado del hombre. Imagen en la que el físico es lo que le importa y nada más. Sobre todo cuando debido a esa característica masculina ha sufrido rechazos y/o problemas en relaciones anteriores. "No quiero parecerme a lo que me ha hecho sufrir o me ha rechazado antes".

—Prevenir la situación de tener que rechazar a usuarios que le insinúen un encuentro sexual. Por ejemplo: es mejor curarse en salud al conocer alguien en una RES y quedar para un insignificante café, proponiendo que no busca contactos sexuales (cuando en realidad sí los pretende). Para así no recibir una proposición incómoda en la presentación real. En el caso de que a la chica le apetezca in situ la actividad erótica, será ella quien sobre la marcha cambiará las reglas y facilitará la ocurrencia del encuentro sexual.

La mujer en una RES, por muchos comentarios en el perfil que intenten desmarcarse de lo superficial, está tan condicionada por la fotogenia como el género masculino.

Recomendación femenina: analizar vuestras sensaciones reales, desmarcándose de lo educado o lo socialmente bien visto. No inundéis el perfil de promesas sobre el interior del ser humano, salvo que en realidad lo penséis o sintáis y no cribéis por lo físico. De hacer esto caeréis en contradicciones injustas para con los usuarios que os atiendan.

Recomendación masculina: tú físico servirá criba, en el mismo sentido que tú cribarás a tus pretendientes por el suyo. Sé consciente de ello e intenta manejar esto a tu favor.

4-La foto real adecuada

La primera decisión que hemos de tomar al inscribirnos en una RES en sin lugar a dudas una de las más importantes: nuestra imagen de perfil. He aquí el primer dilema:

¿Colocamos una foto real en el perfil? ¿O empleamos una imagen de otra persona como señuelo?

Todas las RES emplean una foto de cabecera o perfil, la cual impregna una primera impresión a quienes nos observan. Ese primer vistazo es mucho más decisivo que todo lo escrito en el perfil, para ser seleccionados por otros candidatos. Es por este motivo, que muchas personas usan fotos de modelos y actores para que aseguren la atracción al primer vistazo, aún a sabiendas de que el mirador será consciente de la falsedad de la imagen.

Este dilema da lugar a un sin fin de teorías, perspectivas y formas de ver ese hecho dentro de las RES. Por ejemplo encontramos a personas que se niegan a conversar cuando ven la foto de perfil falsa. Hemos de conocer y tener muy en cuenta estas situaciones a la hora de elegir una foto señuelo o real. Así como el dar nuestra imagen real tiene un riesgo, el no ofrecerla, también.

Vamos a empezar describiendo las estrategias posibles:

1-Foto real: esta es la estrategia natural y estándar. Debemos de escoger la imagen más idónea, genial y fotogénica posible (aquí las personas que no son fotogénicas o no tienen un fotógrafo asesor), pueden perder bastantes puntos para ser atendidas por lo demás usuarios.

2-Foto de modelo: se escoge un modelo y se usa su foto como representación en el perfil. El empleo de la foto modelo despertará recelos en algunos de los usuarios. Por lo que recomendamos comentar que no somos los de las fotos y el motivo de ocultarnos a primera vista, en nuestro perfil, o lo antes posible en la conversación por chat. No es suficiente con dar por supuesto que la foto por sí misma informa de su falsedad, por el hecho de haber empleado un/a modelo.

3-Foto real pero enmascarada: aquí hay trucos diversos como usar gafas, cascos de moto, sombreros, uniformes con gorra, fotos de cuerpo entero lejanas, fotos algo borrosas, disfrazados o con la cara pintada, fotos de los ojos, usar filtros artísticos de programas informáticos (una viñeta por ejemplo), etc. Dicha artimaña puede provocar la curiosidad del observador, del cual hemos de esperar que pronto nos solicite más imágenes para salir de dudas.

4-Sin foto: esta alternativa suele provocar el ser ignorado por gran parte de los ojeadores, en una RES quien no tiene foto no existe.

5-Foto mentirosa: en esta foto la persona que aparece es el usuario real, pero en unas condiciones muy distintas a las que ahora posee, por ejemplo cuando era diez años más joven, o su complexión física era muy distinta a la actual. Esto no es recomendable pues al descubrirse después el engaño, la persona se sentirá utilizada y manipulada, siendo lo más normal es que nos elimine directamente de su vida.

6-Estrategia variable: consiste en ir intercalando las tácticas anteriores para evaluar la mejor aceptación en los otros usuarios.

Cada usuario es libre de seleccionar la estrategia que más le satisfaga teniendo en cuenta sus puntos fuertes y débiles.

Una persona que es poco fotogénica en lugar de ir "de cara", nunca mejor escrito. Debería emplear otras estrategias de auto venta que disimulen su falta de fotogenia y potencien los rasgos atractivos de su personalidad. Siempre y cuando no oculte, que el rostro mostrado es falso.

Una persona que tenga la fortuna de aparecer en sus fotos con gran fotogenia tiene mucho terreno ganado simplemente mostrándose como es. Evitando así suspicacias, sospechas, misterios, o malentendido alguno.

Sea cual fuera la táctica a usar, lo que si hemos de tener en consideración es que no se debe mentir. Las estrategias de "Foto de modelo" "Foto real enmascarada", sirven al propósito de retrasar la aparición física, para así poder dar oportunidad a que los valores personales seduzcan en primeras conversaciones.

Intentar lograr una cita o un encuentro en la realidad con un usuario de la RES sin haberle mostrado nuestra apariencia real, es prácticamente imposible. Tarde o temprano habremos de dar el paso de enseñarnos en imagen, es por esto que las mentiras serán descubiertas, y el objetivo final... inalcanzable.

La elección de una foto propia y verdadera, de ser esta la táctica escogida, ha de realizarse con esmero y premeditación.

En el capítulo segundo de este libro, "Ordena tus prioridades", ya hablamos de lo conveniente de tener claro que se busca o que se quiere obtener de nuestra presencia en una RES. Para la elección de la foto de perfil es muy importante ese detalle, según lo que busquemos deberíamos presentar un tipo de foto u otro.

Una persona que establezca su interés meramente en el ámbito sexual debería seleccionar o hacerse una foto en la que insinúe eso. No debe ser desnuda/o ni obscena, simplemente en pose seductora. Para esto empleará alguna postura insinuante (ejemplo en ropa de baño tumbado/a en la arena de una playa, etc.).

Alguien que pretenda simplemente conocer gente para entablar amistades y nuevas relaciones sin ánimo sexual, podría situar una imagen suya con una sonrisa agradable y acompañada de unos amigos. Las fotos acompañadas de otras personas dan la imagen de persona alegre y socialmente aceptada.

Aquel o aquella cuyo objetivo sea atrapar o vivir un romance, debería por lo tanto mostrar una pose a la vez bella e interesante, que despierte las ganas por conocer más (de perfil y mirando fijamente al infinito con rostro enigmático, por ejemplo).

De no tener claro nuestro fin es bueno presentar una imagen con objetivo universal, esta es aquella en la que emanemos alegría y simpatía, que siempre viene bien para llamar la atención de la mayoría de los ojeadores. Esta pose manda el mensaje de que estamos abiertos a recibir candidatos, independientemente de las intenciones que alberguen.

Las RES suelen poner a disposición de sus usuarios aplicaciones con las que se puntúan y valoran las fotos por los otros inscritos. Esto, nos puede servir de indicador objetivo muy útil para determinar que fotos nuestras agradan y son mejor valoradas.

La elección de la foto de perfil es muy importante, es como el currículo vitae cuando aspiramos a un puesto de trabajo, esta foto representa la primera criba que sufriremos.

De esta primera impresión fotogénica dependerá que el ojeador/a entre a nuestro perfil para: ver las otras fotos, leer lo escrito sobre nosotros mismos, curiosear los datos biográficos, medidas corporales, etc. O en su defecto, pase al siguiente candidato.

La mejor foto ha de ir colocada en el perfil, no significa esto, que debamos relajar la selección de las demás fotos. Estas deben seguir las directrices anteriores. Aunque aquí ya sí, podemos incluir fotos que insinúen varios de nuestros objetivos. Mostrando nuestra candidatura como un producto completo y variado.

Una buena primera imagen puede ser derrocada por alguna foto inapropiada. Una instantánea en la cual dejemos entrever que nuestros parámetros corporales han variado respecto de los mostrados en la foto perfil. Por ejemplo, si usamos una foto genial en la que estamos con un determinado peso, y en otra parte del perfil aparecen otras con un volumen muy superior. El observador empezará a sospechar cual es la que representa el momento actual. Puede entonces caer en la tentación de pensar, que la foto original es un señuelo verdadero pero de otra época. Es por esta razón, muy importante que las otras fotos del perfil sigan la línea de apariencia de la que hemos seleccionado cabecera.

Existen otras estrategias de movimiento en una RES, a parte de las posibilitadas por la fotogenia. Entre ellas hemos destacado las siguientes halladas en nuestro estudio en la RES:

1. La otra ciudad:

   Consiste en darse de alta en otra ciudad diferente a la de convivencia, pero navegar por la ciudad donde realmente se vive. Es decir, hacerse pasar por aspirantes foráneos.

Esta estratagema de apariencia contradictoria, sirve a quienes las usan para detectar personas que emplearían la RES en actividades sexuales esporádicas. Les pone en contacto con todos aquellos/as que prefieren personas de otras ciudades para sus conquistas, pensando así que su anonimato quedará salvaguardado en el entorno cercano.

2. Chica busca chica: o chico busca chico.

   El recurso consiste en inscribirse en la RES, señalando que se es del sexo contrario. De ese modo se entra en la diana de las personas bisexuales que de manera prioritaria quieran contactar con aquellos de su mismo sexo, pero no rechacen el contacto con los del contrario.

   Ejemplo: una chica se inscribe como hombre, para contactar con hombres bisexuales que el sistema no le reportaría en sus búsquedas, si las realizase como mujer.

   También se emplea por los usuarios que buscan invitaciones a sexo grupal, intercambios de parejas, tríos, etc.

Estas estrategias suponen una trampa o engaño inicial, por lo que su uso no sería lo más aconsejado si queremos viajar por la RES sin conflictos. Desde este libro nos hacemos eco de dichas posibilidades a título informativo para nuestros lectores. Aun recomendando que el engaño no es bueno a largo plazo, para quienes lo usen ni para la salud general de las redes de encuentros sociales.

Recomendación: selecciona tu estrategia fotogénica basándote en tus puntos fuertes y débiles, tanto en el físico como en el

trato personal. Sea cual fuera la estrategia elegida, empléala sin engañar a los demás usuarios.

5-Quien se esconde, lo feo oculta...

...Ya sea en lo físico o en lo circunstancial.

En las redes de encuentros sociales, como ya hemos tratado en este libro, muchas personas eligen la estrategia de no mostrar sus fotos reales en el catálogo general de búsqueda. Este caso suscita una serie de reacciones en los otros usuarios que vamos a destacar a continuación.

Al final de este capítulo propondremos unos consejos para salvar el anonimato, y no ser descalificado en el intento.

Las sospechas más repetidas entre los usuarios, cuando un candidato oculta su imagen real tras una foto falsa son las siguientes:

1)-Es una persona poco atractiva.

Esta es la más encontrada en nuestro estudio, es la que primero visita nuestra mente al ver una imagen eminentemente falsa.

Provocar en nuestros ojeadores tal pensamiento es motivo de exclusión directa. Hemos de tener en cuenta que una persona que se vende como poco atractiva físicamente, convence contundentemente a los posibles candidatos seductores. La falta de confianza en el atractivo de uno mismo, es un lastre que no seduce en absoluto.

2)-Está casado o engaña a su pareja.

La infidelidad a groso modo está mal vista. Sin embargo para muchas personas, dependiendo de lo que busquen en la

RES, las personas casadas pueden ser un objetivo apetecible (sobre todo aquellas que buscan sexo furtivo y sin compromiso alguno). Por lo tanto, no es tan excluyente como la posibilidad número uno.

3)-Es del sexo opuesto y está bromeando en la RES.

Esta alternativa apenas se da en las reflexiones de los ojeadores, salvo que hayan sido antes víctimas de un engaño similar.

4)-No quiere darse a conocer porque no piensa quedar fuera ni conocer a nadie, busca pasar el rato en el chat.

Esta idea es muy excluyente. Para surgir dicha reflexión, nuestro ojeador ha de haber charlado un rato con nosotros, y confirmar por nuestras señales que no estamos interesados en profundizar más en una RES.

5)-Se avergüenza de usar una RES para conocer personas.

Es la aceptada, porque el prejuicio sobre quienes usan las RES está muy a la orden del día. Fácil de asumir y comprender por los otros usuarios, sobre todo si ellos tienen un pensamiento similar. Es una buena excusa de salvación para aquellos que no se vean muy atractivos y no quieran que se les note esa falta de confianza en su físico.

6)-Es policía o tiene cualquier otra una profesión expuesta al público.

Suele aparecer este pensamiento cuando aducimos que no nos mostramos por motivos profesionales.

Recomendación: sed sinceros y aclararlo en la entrada de la conversación cuando somos nosotros, quienes nos presentamos. O en el perfil, para cuando recibamos visitas ajenas. Una explicación previa es la única forma de evitar las sospechas negativas descritas arriba, y así poder mantener nuestro estatus de anónimos sin ser rechazados por los buscadores de la RES.

Amén de la explicación que nos lleva a esconder nuestra imagen física, es conveniente adelantar que mostraremos nuestra imagen real a la persona que nos lo solicite, en una conversación.

Para esto aprovecharemos la opción que nos presentan muchas RES, de subir imágenes a una carpeta oculta. Dichas fotos se pueden mostrar a determinados usuarios, cuando lo veamos oportuno.

A la hora de dar estas explicaciones, es importante que seamos creíbles y por supuesto que exhibamos confianza en nuestro atractivo físico (sin llegar a la soberbia o exageración).

Por descontado hemos de ser sinceros, y no caer en la trampa de engañar o vender una situación ficticia, que se verá desmentida en cuanto logremos conectar y conocer a esa persona en la vida real.

Muchos usuarios de las RES caen en la tentación de mentir descaradamente sobre su físico pensando que luego al presentarse en una cita inicial, todas esas mentiras caerán en saco roto. Creyendo que el pudor, o el miedo a quedar mal, pueden obligar a los engañados a aceptar los cambios físicos y no abandonar el encuentro. Eso puede suceder en la primera cita, pero nos aseguraríamos no tener una segunda.

Por muy bien que hayamos congeniado con la persona en las sesiones de chat, e incluso aunque hayamos despertado una ilusión reconocida. El hecho de haber mentido o engañado sobre nuestro aspecto físico, conlleva una decepción y malestar tal en la otra persona, que no dará segunda oportunidad a seguir conociéndonos.

6-Un café vale más que mil imágenes...

...y que mil palabras escritas en un chat.

"La realidad siempre supera a la ficción", comentan los amantes del séptimo arte cuando quieren justificar su pasión cinéfila.

El mismo justificante queremos sirva de hilo a este capítulo. La visión real tridimensional, siempre supera a la fotogénica en dos carcelarias dimensiones.

Los usuarios de las RES quieren evitar el fracaso en el primer encuentro. Necesitan para ello, escudriñar las fotos de su compañero de interacción hasta el punto de verse enamorados por ellas, cuando ese grado de perfección no se puede lograr ante una instantánea, por muy retocada que esté.

Todos hemos sufrido la sensación de ver una foto de alguien que nos gusta y pensar:

"Si sólo hubiera visto esa foto suya,
no me parecería nada atractivo/a".

Cuando topemos con usuarios muy atractivos que tienen un gran número de fotos, podremos probar lo siguiente: buscar la foto "fatal". Esa instantánea desafortunada que nos habría hecho pensar:

"Si en su perfil, sólo hubiera puesto esta foto, no tendría interés ninguno en contactar con él/ella". En la mayoría de los casos encontraremos una o más de una fotos fatales, que nos quiten las ganas de seducir.

La fotogenia nos engaña, nos impide ver la esencia que transmite la persona. Desgraciadamente, en este tipo de plataformas online, la fotogenia es la que marca el primer sí.

Se necesitarían miles de fotos de una persona, en otros tantas situaciones y aspectos de presentación personal (acicalada, normal, con distintos tipos de peinado, y vestimenta, sonriendo, triste, con amigos, sola, etc.), para determinar una idea aproximada de lo que nos supondrá en la visión real. Y aun así, sería harto difícil llegar a sentir lo que nos inspire en la realidad de un café, o de una mirada a los ojos.

Los mismos usuarios que dudan, evalúan y reevalúan una y mil veces las fotos de sus contertulios online. También necesitan entablar múltiples conversaciones en el chat, para darse cuenta que su forma de expresarse y de ser, les embelesa. Grado de certeza, que en interacciones tan enmascaradas como las online, no se puede alcanzar.

Estos usuarios quieren asegurarse de una cosa que no se puede garantizar. Quieren anticipar el futuro inmediato. Necesitan eliminar toda posibilidad de amenaza de fracaso en el encuentro real. Esto nos recuerda famoso proverbio chino:

"Quien quiera un caballo perfecto… que vaya a pie".

El primer paso que hemos de dar para poder buscar lo que queremos es aceptar que la derrota es una posibilidad.

Aceptar, que una persona en el primer vistazo puede no gustarnos en ninguna de las facetas necesarias, sin que por ello el tiempo ni el intento hayan sido perdidos. (De hecho, si algo podríamos considerar tiempo perdido, es toda la dilación que hemos vivido online, antes de confirmar a esa persona en directo).

Cuando el usuario de la RES asume que todo lo online no existe, y que por mucho que se converse por chat o intercambien cualidades fotogénicas, no habrá dictamen hasta que haya careo...

...Será cuando se mentalice de que debe aprender a afrontar las primeras citas sin la imperiosa necesidad de éxito anticipado. Sin esa seguridad "engañosa", que demandamos para atrevernos a asistir.

Es en ese momento, cuando estaremos en disposición de empezar a conocer gente de verdad, sirviéndonos del trampolín de la red de encuentros sociales.

Recomendación: para aquellas personas que no encuentren la certeza suficiente en las fotos del perfil o en las conversaciones por chat, y no quieran caer en la trampa de la dilación excesiva chateando con un ilusionante "desconocido". Para estos desconfiados/as incorregibles, aconsejamos el paso intermedio:

Usar la videoconferencia. Con ella conseguirán impresiones y detalles de la comunicación no verbal. Sin llegar esto a ser lo que en la realidad nos aporta, nos informará más que las instantáneas estáticas o las conversaciones a ciegas.

Otra alternativa es realizar una llamada con número oculto para disfrutar de una conversación más rica y reducir así la desconfianza.

No obstante, insistimos en definir al encuentro en directo, como el único y definitivo juez valido y eficaz para determinar el feeling con una persona.

7-Un buen principio

Una vez solventado el análisis de los pormenores de la fotogenia, vamos a pasar al segundo principio o mejor dicho al segundo paso, que daremos en el comienzo de la interacción con un usuario:

"La entrada".

La entrada la forman esas primeras "palabras saludo", que la persona leerá de nosotros. Tiene una importancia complementaria de la influencia fotogénica, esto es, con la entrada podemos resolver las dudas que hayan generado nuestras fotos.

Una buena entrada puede paliar la indiferencia causada por nuestra fotogenia. Puede decantar a nuestro favor la balanza que se ha quedado equilibrada entre lo físico superficial y lo personal interior.

El proceso normal de comportamiento respuesta en una RES es, por este orden:

1-Inspeccionar Foto

2-Leer entrada

3-Visitar Perfil

4-Responder en el chat

En este pequeño viaje decisor y de inspección, para determinar si se responde o no a nuestro candidato, la entrada cumple una función de enlace casi directa entre nuestra imagen y la respuesta. Pues el paso tres, es decir el hecho de visitar el perfil, no suele ser eliminatorio, se hace más bien con carácter consultor.

El objetivo que tiene una buena entrada es llamar la atención de nuestro usuario diana de manera que aumente las posibilidades de ser respondidos por este, pudiendo así iniciar una conversación. Para lograr dicho objetivo, la entrada debe presentar varias características:

1)-Ser original y diferenciadora:

Un usuario de la RES recibe del orden de diez o quince mensajes al día, las fórmulas tradicionales básicas pasan totalmente desapercibidas.

Los saludos protocolarios como: "Buenas", "Hola", "¿Qué tal?", o algún icono sonriente; causan indiferencia, no nos señalan como interesantes, y nos mandan directamente a la cola de la bandeja de entrada mental, de los usuarios que los reciben.

2)-Personalizada para el usuario destino:

No siempre es posible, pero en el caso de que nuestro usuario destino haya completado su perfil, podemos usar información de este y/o de sus intereses para hilar una original y personalizada entrada. Sentir que el mensaje está adaptado a nosotros y nuestras características es un halago que nos llama la atención y merece nuestra respuesta.

3)-No usar mensajes estándar:

No emplear los típicos cortar y pegar para presentarnos a todos los usuarios destino con la misma entrada. Es muy nocivo, que nuestro objetivo sospeche que el mensaje es universal y se emplea de la misma manera en todos los intentos.

4)-Incluir el nombre de nuestro usuario en la formulación de la entrada:

Resulta satisfactorio para una persona escuchar su nombre cuando alguien se dirige a ella. Es un reforzador, nos hace sentir bien e importantes.

5)-Sentido del humor:

Despertar una sonrisa en quien nos lee, nos allana el camino para ser respondidos. En este aspecto recomendamos ser discretos y suaves, salvo que al indagar en el perfil, la persona haya señalado que gusta de reír, o tener mucho sentido del humor. Ante lo que podemos desatar nuestro lado más cómico.

6)-No interrogar:

En este punto ahondaremos en otro capítulo pero NO es conveniente realizar una entrada formulando directamente una pregunta sobre aspectos biográficos o lugar de estancia, si se tienen hijos, etc.

7)-Aclarar algún detalle de nuestro perfil:

Una vez expresado el cuerpo de nuestro saludo, al final a modo de post data, podemos incluir alguna aclaración sobre nuestro perfil (explicar si usamos fotos falsas y el motivo de esto, por ejemplo).

8)-No adular a la primera de cambio:

No empezar piropeando a la persona de manera gratuita e infundada. Esto propone una imagen de charlatán seductor que a todo el mundo pretende camelar con palabras falsas, generando por extensión una desconfianza.

Existen una serie de herramientas de entretenimiento o trucos para realizar buenas entradas. Son una serie de juegos interactivos para lograr atraer la atención de nuestros objetivos, aunando las características descritas hasta ahora (buen humor, originalidad, etc.). Los presentamos a continuación:

1-Palabras asociadas:

Este juego que responde a una técnica psicológica psicoanalítica, consiste en proponerle a nuestro usuario unas palabras ante las que ha de responder escribiendo lo primero que le pase por la cabeza. Podemos proponerlo como una forma divertida y original de conocernos.

Lo recomendable es comenzar con palabras sin mucho significado sexual ni íntimo, como por ejemplo PLAYA, NOCHE, (las palabras tabú sexual las podremos ir empleando si vemos que el usuario disfruta con la actividad).

Aprovechar palabras que tengan relación con intereses o con lo escrito en el perfil. Así mismo es aconsejable evitar palabras que puedan entenderse como insultos, mal sonantes, o aplicarse de manera despectiva al usuario/a, como PROSTITUTA, CORNUDO/A, FÁCIL, etc.

2-Responde lo NO correcto:

Esta técnica es muy divertida, consiste en que hemos de hacerle preguntas a la otra persona mientras su misión es responder siempre algo falso, si responde algo correcto o que sea verdad, pierde. Aquí podemos proponer algún premio como invitar a un café o similar (aunque al usarlo en una entrada es mejor no ir tan directo). Lo ideal es empezar con tres preguntas graciosas e imposibles, que den lugar a comentarios broma después como:

¿Eres de otro planeta?

¿Puedes volar?

¿Es verdad que desde la posición de pie y cuerpo recto, tu lengua puede llegar hasta el suelo?

¿Es verdad que tienes un ombligo tan elástico, que si te lanzases en panza desde un quinto piso y contactases justo con el ombligo, rebotarías y volverías a entrar por el mismo balcón?

Cuando hayamos realizado las tres preguntas y entre risas y bromas nos hacemos los despistados y le preguntamos cuantas preguntas llevamos, si responde tres (habrá acertado) y nosotros habremos ganado el juego.

3-El detective listillo:

Este tipo de entrada consiste en analizar los pormenores del perfil de nuestro objetivo y jugar a adivinarle cosas de su forma de ser o de su situación actual. Esta entrada es más compleja y arriesgada, pues de no realizar un análisis correcto podemos quedar como cretinos y equivocados. Lo aconsejable aquí es mezclar algunos tópicos con la información detallada en el perfil. Por ejemplo: si leemos que la persona busca amistad, podemos adivinarle que no acepta el sexo directo con desconocidos (cualidad estándar que por ejemplo la mujer admite casi siempre). Si leemos que tiene hijos y trabajo, podemos aventurarnos a decir que usa la RES porque no le queda demasiado tiempo libre en su día a día.

En el caso de un objetivo masculino, a poco el perfil lo demuestre, es bueno que llamemos la atención sobre su originalidad y destaquemos que no parece ser como el resto de los hombres que nos encontramos en la RES, (esto supone un elogio encubierto teniendo en cuenta la imagen denostada del sexo masculino en este tipo de redes).

Para ambos géneros, si observamos que tiene un perfil muy completo y un gran número de fotos podemos suponerle que lleva mucho tiempo usando la RES, etc.

El fundamento del buen empleo de esta técnica para llamar la atención es no entrar en demasía al detalle. Emplear fórmulas generales y tópicas expuestas como personalizadas para el sujeto en cuestión. Este sistema es el que emplean los adivinadores del futuro o echadores de cartas profesionales.

4-Sé lo que estás haciendo en este momento:

Esta técnica de entrada es una variante muy arriesgada de la estrategia "El detective listillo". Consiste en describirle la situación real y del momento que está viviendo el usuario destino. Nos serviremos de la hora del día y un poco a ciegas intentaremos acertarle como si le hiciésemos una foto del momento.

Por ejemplo: si son las once de la noche, lo describiremos sentado en su salón con la televisión de fondo y chateando tranquilamente en el ordenador o móvil (detalle que suelen especificar las RES). Si estamos en invierno, describimos como arropada, etc. Insistimos en la agresividad de esta técnica pero su buen uso y acierto provoca una gran llamada de atención en nuestro interlocutor. Requiere imaginación, improvisación, y algo de suerte.

5-Te odio:

Entrada muy agresiva e impactante, rompe con lo que suele pasar en las RES, consiste en escribir solamente:

"...Te odio".

Tiene un alto porcentaje de respuesta. La dificultad viene una vez obtenida la respuesta, pues hemos de hilarlo con algo que exprese sentido del humor y rebaje la tensión de conflicto. Algún comentario cómico referido a su perfil, gustos, intereses o fotos, e incluso algún halago suave y educado:

> Te odio, porque apareces de fiesta y no me llamaste para ir contigo..."
>
> Te odio, porque has viajado a Roma y a mí también me hacía ilusión ir.
>
> Porque juegas al pádel y no te apuntas conmigo a un partido, etc.
>
> Por tener 42 años y mantenerte tan joven.

Recomendación: esfuérzate en la configuración de la entrada, sobre todo si se ha demostrado que tus fotos NO suponen un impacto arrasador en los usuarios del sexo contrario. Recuerda:

"Una mala entrada... es una pronta salida".

8-Perfil de confirmación

La visita a nuestro perfil suele ser el último paso previo que dan los usuarios antes de entablar una conversación por el chat de la RES. Es por esto, que la función del perfil es la de confirmar la sospecha de una conversación interesante. Sospecha que se ha iniciado con la foto si nos buscan; o con la entrada, si somos nosotros quienes proponemos la interacción a la otra persona.

Las Redes de encuentros sociales nos presentan un formulario a rellenar para poder configurar nuestro perfil. Existen varios modelos o tipos de encuesta, pero a nivel general presentan información sobre los siguientes aspectos:

1) Biográficos:

—Edad.

—Estado civil.

—Hijos.

—Tenencia de mascotas: es importante este detalle, ya que a muchas personas los animales no les gustan en absoluto, o pueden sufrir alergias al epitelio de algunos de ellos.

—Ciudad de estancia y compañeros en ella: si se vive solo, con padres, hijos, compañeros de piso, etc. La independencia o el hecho de vivir solo dan una imagen muy atractiva a los usuarios que buscan aventuras sexuales.

—Estudios y educación: nuestro currículo académico.

—Trabajo: este es un buen ítem para dejar algo de misterio y despertar la curiosidad. Excepto en el caso que tengamos un trabajo muy atractivo para el resto (como artista, deportista profesional, etc.), de ser así es conveniente especificarlo como fuente de interés.

—Nivel de ingresos: en este ítem la mayoría de los usuarios se sitúan en el estatus ingresos medios o bajos. Es importante no intentar aparentar o mentir sobre nuestras posibilidades económicas y materiales. Da una imagen de pedantería, elitismo y puede atraer a personas interesadas en nuestros bienes.

—Idiomas que habla: una persona que habla varios idiomas da la imagen de inteligencia, y persona de mundo abierta que gusta de viajar, etc.

2) Aspecto físico:

—Altura.

—Peso: en los aspectos físicos objetivos, es importante dar la información exacta al momento presente, de modo que si nuestro peso ha variado, sería lo ideal ir modificando este ítem.

—Complexión: este es una de las características más analizadas, pues a veces las fotos no muestran el cuerpo de la persona, o la ropa y abrigos no deja entrever su contorno real. Siendo la información de la complexión la que termina de ayudar a los observadores a determinar el tipo de cuerpo que posee el observado/a.

—Color de ojos.

—Color de pelo y piel.

—Grupo étnico.

3) Aspectos sociales:

—Religión.

—Ideas políticas.

—Fumador: este aspecto lo tienen en cuenta muchas personas que buscan relaciones estables y a largo plazo. En el caso de que se sea un fumador social (lo comúnmente entendido como alguien que sólo fuma cuando bebe), es bueno especificarlo.

—Bebida.

—Consumo de drogas.

4) Situación sentimental y relaciones:

Mentalidad respecto a la sexualidad: aquí incluir una mentalidad abierta, sobre todo en el caso de las chicas, multiplica las visitas y propuestas conversacionales.

Tener una relación y/o la duración máxima de alguna anterior: llama mucho la atención los perfiles que confiesan tener pareja, sobre todo si conjugan con una mentalidad sexual abierta. Estos casos atraen mucho la curiosidad de sus compañeros en la RES.

Qué se busca o cuáles son sus intenciones: es idóneo dejar abierta la puerta a varias situaciones y en todo caso destacar la que NO queremos a toda costa. Por ejemplo: sexo esporádico con desconocidos.

Descendencia: en el tema de los hijos lo preferible es dejar una puerta abierta a ambas posibilidades, sobre todo si no se tienen claras las ideas al respecto. En el caso de que ya se tenga descendencia, especificarlo nos permitirá cribar usuarios a los que les genere conflicto ese detalle.

5) Espacios sobre la personalidad:

> Presentarse y describirse a sí mismo: lo interesante es llamar la atención de los demás pero dejando un halo de misterio para despertar la curiosidad en conocernos y charlar con nosotros. Ejemplo: me gusta ayudar a los demás y lo reflejo en el trabajo que tengo la suerte de realizar… (Para hacer coherente esta estrategia deberíamos haber dejado en blanco la casilla correspondiente a nuestra actividad laboral).

Un calificativo para tu personalidad: muchas RES presentan un ítem donde la persona debe elegir una palabra que represente su personalidad, como creativo, atrevido, conservador, impulsivo, divertido, etc. Aconsejamos en este manual sobre las RES NO rellenar esa característica. El ser humano es multidimensional y a veces el destacar demasiado en una cualidad nos hace ser víctimas de prejuicios sobre las carencias en el resto de atributos. Si es posible dejarlo en blanco, sería lo más recomendable.

Indicar lo que le gusta o aprecia en las otras personas: es bueno aquí, ser concretos pero no demasiado exigentes. De nuevo lo más idóneo a concretar serían las características personales que NO queremos encontrarnos en nuestros compañeros. Ejemplo: machismo, intolerancia, egoísmo, inestabilidad, mentira, etc.

Intereses y aficiones: lo aconsejado (sin mentir por supuesto) es destacar todos nuestros intereses que puedan coincidir con la población destino a la que vayamos dirigidos. Hemos de aprovechar los clichés sociales entre hombres y mujeres para destacar nuestras coincidencias con el género contrario. Por ejemplo si somos una chica y nos gusta el fútbol, destacarlo. O si somos hombre y nos encanta pasear por la playa o ir de compras, destacarlo en nuestros intereses.

En esta categoría, a mayor número de intereses mejor imagen social damos, así como mayor es la posibilidad de coincidir en algunos gustos concretos con otras personas. Para esto por ejemplo si nos gusta el cine, además de mencionarlo, podemos incluir varios títulos de películas de amplios géneros cinematográficos. Lo mismo podemos hacer con series de televisión, grupos musicales o novelas literarias.

Una buena estrategia es ir analizando los intereses de las personas que nos van interesando al visitar sus perfiles, y añadirlos a nuestra propia descripción.

—Primera cita: algunas RES incluyen un espacio para que diseñemos como nos gustaría fuese nuestra primera cita. En este apartado, lo aconsejable es destacar una situación social sencilla para que sirva de una primera toma de contacto. Ejemplo: un café durante una tarde, o una salida a tomar unos aperitivos a la hora de comer o cenar. Muy importante aquí no describir citas idílicas, complejas o con alto contenido romántico, intimidaríamos a las personas que tengan intereses menores o la simple curiosidad de conocernos. La primera cita no es más que una toma de contacto real con la otra persona.

Importante es, el hecho de escribir sin faltas de ortografía. Los errores ortográficos adquieren más importancia si cabe en el perfil. Aquí, lo escrito se supone hecho con conciencia y premeditación. No como en el chat donde la velocidad del directo nos puede excusar de ciertos errores gramaticales.

Hemos detectado en nuestro estudio, como los usuarios cuando se encuentran con otros que presentan una ortografía aleatoria y caótica, les atribuyen un bajo nivel cultural e intelectual. Para determinados tipos de relación, esto puede ser un aspecto repulsivo, en lugar de atraernos a conocer a la persona.

Recomendación: cuida tu ortografía, empleando el corrector ortográfico o alguna web de corrección y consulta, en caso de que tengas duda sobre algunas palabras. Más vale tardar unos segundos en responder, que hacerlo de manera que insinúe cierta falta de formación e inteligencia. En el perfil, las faltas de ortografía descubren nuestra falta de inteligencia.

9-La búsqueda sistemática de los objetivos

Una RES, cuando somos debutantes, nos puede ofrecer tantos usuarios diana interesantes, que podemos caer en la trampa de echar las redes a diestro y siniestro, sin control ni orden alguno. Lo que nos impedirá poder prestar la necesaria atención que se merecen, a todos aquellos que nos pueden interesar.

Para abarcar tanto estímulo, algunos usuarios usan estratagemas como emplear mensajes de entrada predefinidos, que van copiando sistemáticamente a todo aquel que les atrae.

Otros, se embarcan en la compleja tarea de gestionar en un buzón de mensajes con más de diez contactos de manera simultánea.

Ambas prácticas están desaconsejadas. Lo ideal para realizar una búsqueda es aplicar una serie de estrategias de organización interna. Sistematizar los procesos de búsqueda, de manera que nos permita atender pormenorizadamente al mayor número de opciones seductoras. Sin pretender abarcarlas todas al mismo tiempo.

Dispersarse a la hora de nuestra búsqueda en una RES, da lugar por nuestra parte, a un servicio de seducción defectuoso y distraído.

Además nos puede llevar a las siguientes situaciones psicológicas incómodas:

—Nos hace olvidadizos, con lo que provocamos conversaciones repetidas con las mismas personas.

—No tener claro, de qué usuarios seguir esperando respuesta, al no controlar el tiempo de espera que llevamos con cada uno de ellos.

—Frustrarnos por ver que ante un amplio número de intentos en nuestra bandeja de mensajes, ninguno deriva a algo interesante.

Para evitar estas y otras muchas afecciones de desánimo o pérdida de fe, en el uso de la RES, resulta más útil y práctico sistematizar nuestra actividad en ella.

Os presentamos a continuación una serie de recomendaciones para este fin:

1)-Llevar una ficha de los usuarios con los que conversamos:

En dicha ficha incluiremos datos como su nombre real, profesión, y toda aquella información importante que sea propia y caracterice a esa persona. Para este fin, podemos fotografiar su perfil, o usar la opción de imprimir pantalla y guardar la imagen. El objetivo es crear un archivo con la imagen de la persona y toda la información obtenida sobre ella.

Al principio de la interacción, nos puede sacar de alguna que otra situación embarazosa. Imaginad la imagen que daríamos si la otra persona sí recuerda que nos ha contado algo, y volvemos a preguntarle por segunda vez sobre esa misma cuestión. Una vez avanzados en el conocimiento de la persona, el repaso de este registro no será necesario.

2)-No conversar con más de tres personas en una misma época:

Una vez establecida la conversación con tres usuario/as, es mejor centrarnos en ellos exclusivamente. De manera que podamos recordar lo que nos cuentan (amén de la ficha registro), y nosotros mismos podamos tener presente la estrategia de cómo ir conociendo a cada persona. Uno de los peligros de ampliar el abanico de conversaciones está, en que nosotros no recordemos a quién le hemos hecho tal comentario, o a quién le hemos contado cierta historia.

3)-Priorizar los perfiles y las personas a conocer.

Debido al amplio abanico, y a la no certeza de la duración de estas personas como activas en la RES, lo idóneo sería priorizar los perfiles que más nos interesan en una lista. Tras esto, ir buscando la interacción con ellos por orden, de manera que si no obtenemos respuesta pasemos al siguiente en nuestras preferencias.

No se aconseja dejar lo que más nos atrae para después, porque nadie nos garantiza que siga disponible en la RES.

Un ejemplo de esto sería:

Establecemos nuestras prioridades de búsqueda en la RES. El sistema nos devuelve unos candidatos resultantes. Hacemos una lista ordenada con los que más nos llaman la atención (ya sea físicamente, o por el contenido del perfil). Escogemos los tres candidatos más valorados, intentamos comunicar con ellos. De no obtener la atención de alguno, pasamos al cuarto de nuestra lista y así sucesivamente, según vayamos logrando comenzar una interacción o no.

La mayoría de las RES ofrecen una carpeta de favoritos en la que ir incluyendo perfiles que aparezcan nuevos cada día, y así ir renovando nuestra preselección de candidatos por orden de atracción.

4)-Lista negra:

Es importante que tengamos en cuenta todas aquellas personas con las que hemos finalizado la interacción. Ya sea porque no fue satisfactoria, o porque no hallásemos respuesta en un tiempo prudencial.

La lista negra a pesar de su nombre no tiene porque se despectiva, no tratamos con ella de bloquear ni rechazar a otros usuarios, es un simple listado de personas con las que no volver a intentar la interacción, porque esta ya se produjo y concluyó.

Si la RES no nos da la opción de lista negra en su sistema, podemos organizarla nosotros mismos de manera manual, empleando la misma estrategia clasificatoria que hemos descrito para el registro de personas conocidas que estamos conociendo.

De esta manera, evitaremos por equivocación, volver a repetir propuestas y entradas a personas con las que ya lo hemos intentado antes. Este fenómeno se produce mucho cuando llevamos tiempo en la RES, ya que algunos usuarios suelen cambiar la foto de perfil o el nombre con el que aparecen. Si no tenemos una buena organización de lista negra, podemos creer que son nuevas inscripciones a la Res.

Del mismo modo, es importante que no cambiemos nosotros nuestra foto de perfil o nombre de usuario. Eso podría provocar el efecto contrario, es decir engañar a otros usuarios que piensen no nos conocen, y vuelvan a rechazarnos al recordar quienes somos.

Una vez tenemos organizado nuestro sistema de anotaciones en favoritos y lista negra, podemos ponernos manos a la obra. La primera decisión es la de escoger bien los objetivos.

El uso de las RES es muy inestable y los usuarios pueden aparecer y desaparecer en cuestión de horas. Es por esto, tan importante la jerarquía de nuestros gustos, de manera que no desaparezcan perfiles que nos interesaban mucho, por habernos ocupado primero de otros menos atrayentes.

Estaríamos tristemente engañados, si pensamos que de cualquier manera que nos organicemos con el paso del tiempo, los abarcaremos a todos.

La preselección de los candidatos prioritarios ha de realizarse en base a dos consideraciones: el atractivo que nos despierta (es subjetivo de cada uno) y la probabilidad de ser respondidos.

Debemos estimar la futura eficacia de nuestro intento, en base a una serie de pistas que esconden los perfiles de nuestros objetivos:

1-Lo que se busca, según el perfil:

Muchos usuarios destacan multitud de características que desean encontrar, o en otros casos demasiadas cosas que no les gustan. Estos perfiles encierran una elevada exigencia para interaccionar con los demás. Si detectamos esta información entre líneas, será mejor que no le demos la prioridad a esa conquista.

2-Amplitud de sus intenciones:

La información que nos transmiten con en el perfil, en el apartado de intenciones o lo que busca el usuario, pueden dejar ver el tipo de interacción que desean: sexual, amistad, relación sentimental, charlar, etc.

Las personas que tienen un amplio abanico de intenciones son más proclives a responder a los demás. Siendo estos casos los que fácilmente los encontraremos abiertos a atender nuestra entrada.

3-Posición en los resultados de búsqueda:

Los perfiles que aparecen en los primeros resultados de búsqueda serán mucho más demandados y solicitados por los usuarios del sexo contrario, lo que disminuye las probabilidades de que atiendan a nuestra solicitud. En dicho caso es más aconsejable empezar por el final de lo ofrecido por la Res, de manera que accedamos a los perfiles que estarán menos visibles y visitados. Esto aumentará nuestra probabilidad de respuesta.

Algunas RES destacan con iconos y avisos, a los usuarios más demandados avisándonos de que tienen saturada su bandeja de mensajes.

4-Sin foto:

Las personas que no tienen foto pasan desapercibidas en una RES, por lo que aquí tenemos un banco amplio de oportunidades para ser atendidos. En este aspecto y salvo en la situación de que se oculten por motivos extraños, podemos solicitarles el envío de una imagen suya, en cuanto hayamos conectado.

5-Tiempo de la última conexión:

Este dato nos da información del grado de frecuencia con el que la persona se conecta a la RES. Si nos encontramos un caso en el que el usuario/a aparece desconectado durante varios días o semanas, no es aconsejable darles prioridad en la interacción. Muchos usuarios abren una cuenta en la RES y apenas la atienden o incluso la abandonaron sin darla de baja, por lo que estar esperando sus conexiones puede resultar una pérdida de tiempo.

6-Horarios de conexión:

Si no lo muestra de manera directa la RES, lo podemos entresacar analizando los tiempos de última conexión. En el uso de las RES gran parte de los usuarios responden a gente que está en línea, sobre todo en el caso de que busquen una charla en el momento de conexión. Si en nuestros análisis encontramos que se conectan a horas a las que nosotros no tenemos oportunidad de acceso, también es idóneo colocarlos más atrás en la tabla de prioridades.

7-La congruencia en el atractivo:

Hemos de tener en cuenta algunas variables relacionadas con el atractivo físico a la hora de escoger nuestros primeros objetivos. En el siguiente capítulo de este libro abordamos la cuestión de la congruencia en el físico.

La preselección de unos usuarios objetivo, que estén bien ordenados y jerarquizados en nuestro esquema de rastreo, nos ahorrará mucho tiempo, muchas peticiones desestimadas, y abreviará nuestro esfuerzo para contactar con alguien interesante en la RES. Así mismo evitaremos que desaparezcan precozmente de nuestra vista, personas que nos llamaron la atención y permanecieron en la RES durante un corto período de tiempo.

Recomendación: ordena y sistematiza la selección de tus objetivos para realizar búsquedas más eficaces y reducir el tiempo de espera infructuosa. Recuerda que las personas pueden permanecer en la Res un tiempo limitado.

10-La congruencia en el físico

En nuestra vida ajena a la red, cuando estimamos la probabilidad de seducir con éxito a una persona, tomamos en consideración su atractivo físico. De manera, que las personas estimadas como muy atractivas, nos hacen recular en el atrevimiento.

El vislumbrar pocas opciones de éxito ante trofeo físico tan valorado, nos hace no exponernos al castigo del probable rechazo. Este paradójico fenómeno por el cual "lo muy atractivo no atrae" o no triunfa tanto como se le presupone, no ocurre en la RES.

En una plataforma de este tipo, el hecho de ser rechazados, sobre todo si lo anticipamos por la rotunda belleza física de nuestro objetivo, apenas nos supone castigo alguno. Es por esto que en las Res, las personas se atreven más fácilmente a conquistar bellos objetivos, incluso pensando que obtendrán un NO por respuesta.

No queremos mostrar en este libro, que ese acto de valentía sea un error. Si lo sería, el hecho de priorizar esos usuarios de atractivo exagerado, ante los que presenten un atractivo algo menor pero más asequible a nuestras posibilidades seductoras. (Como ya tratamos en el capítulo anterior: "La búsqueda sistemática de los objetivos").

En nuestra búsqueda de una RES hemos de ser conscientes de que la belleza física aparente de las fotos y los perfiles de nuestros objetivos ha de estar en cierta consonancia con la que muestran nuestras imágenes. No de una manera exacta, pero sí salvando las grandes diferencias.

Una persona que se estime en un atractivo físico fotogénico de 5 sobre 10, no debería priorizar el abordaje de usuarios que esa persona estime en un nivel de 9 sobre diez, por ejemplo. Insistimos aquí que estamos aconsejando para seleccionar en la faceta física que nos enseña el perfil... Es obvio que una vez logrado entrar a la interacción, la diferencia en los atractivos apenas influye en el camino de la seducción. En este capítulo nos ceñimos a instrucciones para abordar y entrar a objetivos según perfil y fotogenia, es decir para dar el primer paso de preselección de los candidatos/as.

Es importante en la RES aplicar un factor de corrección a esta teoría. Es el siguiente: cuando se trate de una base de candidatos en las que el número de sujetos del sexo masculino sea mucho mayor al de féminas (que suele ser lo habitual). Es conveniente tener en cuenta la siguiente desviación: las chicas van a recibir muchas más proposiciones, por lo que podrían aspirar a elevar el grado de sus exigencias algo por encima de lo que ofrece su fotogenia.

Para trasladarlo al ejemplo anterior, si es una usuaria femenina y su autoestima fotogénica está en un 5 podría perfectamente aspirar (por la abundancia de candidatos) a usuarios masculinos de atractivo fotogénico 7 u 8.

En el caso de los usuarios masculinos, volveríamos al consejo inicial de buscar una congruencia en los atractivos porque la oferta supera mucho a la demanda.

Muy importante entonces es, que tengamos una correcta estimación sobre nuestro atractivo fotogénico. Esto no tiene que significar que nos sintamos más o menos atractivos en la vida real. Sencillamente hemos de ser conscientes, en el caso que ocurra esto, de que nuestras fotos no muestran el atractivo justo.

Una buena evaluación de nuestro éxito fotogénico nos posibilitará poder aspirar a personas que nos atraigan y que estén al alcance de nuestras virtudes, y priorizar la conquista de estas en lugar de otras.

En la misma dirección de congruencia entre lo que ofrecemos y lo que demandamos, entran aspectos no físicos: como el buen humor, la capacidad de comprender al otro usuario, o simplemente la facilidad para desarrollar una conversación amena e interesante. Necesitamos la coherencia también entre lo que demandamos y lo que ofrecemos en estas cualidades conversacionales.

En las Res encontramos bastantes usuarios/as que demandan una conversación interesante, o aquella en la que se traten aspectos internos de la persona (en la poca medida que estos se puedan expresar en un chat), y sin embargo no son capaces de manejarse en este tipo de charlas.

Aparece en demasiadas ocasiones dentro de las RES, la paradoja:

"Busco alguien con quien tener una conversación inteligente"

Y sin embargo no ser capaz luego de provocarla, secundarla, o desenvolverse en una charla de este tipo.

Encontramos muchos perfiles que demandan algo diferente, pero no pueden pasar de las típicas preguntas para conocer:

—¿De dónde eres?

—¿En qué trabajas?

—¿Tienes hijos?

—¿Qué buscas aquí?

Y las consecuentes respuestas ambiguas:

—Lo que surja.

Cuando configuramos nuestro perfil, solicitando gente de interés, hemos de habernos cerciorado primero de que podemos responder a ese tipo de interacciones. Debemos ser antes conscientes de que podemos ser cómplices de esas situaciones conversacionales. De que podemos ser y sentirnos participativos, cuando la charla tome derroteros originales.

Solicitar estas cualidades y luego no ser capaces de nada más que actuar de meros espectadores sentados en el sofá de casa, es montar un escaparate en el cual al final se acabarán exponiendo nuestras propias carencias, en cuanto la situación de la vuelta y exija nuestra participación:

Recomendación: "No exijas nada que no puedas corresponder, ya sea en el aspecto físico, o en las capacidades conversacionales y comunicativas".

11-Rechazar de forma asertiva

Las personas manifiestan en las Redes de encuentros sociales, comportamientos amparados por la coartada de su anonimato. Dicha condición, el anonimato, en ocasiones nos vuelve perezosos ante las consideraciones sociales. Nos transforma en no asertivos, poco comprensivos, desentendidos de nuestra imagen externa y desinteresados por bienestar de los demás.

El hecho de entablar relaciones con personas que no nos conocen y pronosticamos no nos vamos a encontrar en la vida real, da lugar a una desatención por dar una buena imagen como persona. Esta desidia se manifiesta en ciertas conductas de falta de respeto hacia la otra persona, o ignorancia a la atención que nos ha dispensado.

Con bastante seguridad estas conductas nunca las llevaríamos a cabo en la realidad cotidiana, donde somos presa del castigo social si ofendemos o ignoramos al prójimo.

Es el anonimato de la RES lo que nos da vía libre. Es la coartada para dejar salir a flote nuestros peores instintos sociales, o mejor dicho la carencia de dicho comportamiento social.

Sucede algo parecido a un fenómeno que la psicología social ha ido estudiando desde sus inicios. Nos referimos a la influencia de una masa en el individuo.

Cuando se ha evaluado el comportamiento de algunos individuos amparados en una gran masa:

—Manifestaciones.

—Celebraciones de eventos deportivos.

—Macro fiestas.

—Disturbios, etc.

Los estudios han encontrado como estas situaciones de multitud camuflada, pueden dar lugar a que las personas predispuestas a ello, manifiesten conductas inapropiadas e incluso violentas. Conductas que nunca protagonizarían en una situación individual y pública.

Escondidas en la anónima muchedumbre, estas personas dejan de lado sus mecanismos de protección de la imagen social.

El comportamiento dentro de una RES nos ofrece un caso que podríamos comparar en sus consecuencias, al anterior. Nos referimos a la desconsideración hacia las personas que no nos interesan, sumergidos en la marabunta anónima online.

El caso más flagrante en el que se da lugar a este tipo de desconsideraciones es aquel en el que recibimos un mensaje o invitación a conversar, procedente de un usuario que NO nos atrae, ya sea por sus características físicas, o algún indicio entresacado del perfil. Hablamos de:

¿Cómo rechazar a alguien?

Cuando una persona se dirige a nosotros en un local de ocio, y nos solicita un interés por conversar o por invitarnos a una consumición, en muy pocos de los casos, o mejor escrito, muy pocas de las personas, mirarían para otro lado y ni responderían a dicha persona, ignorándola por completo.

El ignorar de esta manera lo consideraríamos un desprecio demasiado grande hacia alguien que requiere nuestra atención. Aunque por cuestión de educación, estaríamos obligados a negarle la conversación de la manera más suave que nuestra asertividad nos permita.

Un simple: "No gracias, estoy ocupado", "Lo siento no puedo", "Estoy esperando a alguien"; unas cuantas palabras educadas bastarían para cerrar ese intento de interacción, que no nos seduce.

En una RES estos miramientos no son de obligatoria existencia, la persona que tenga el interés por los demás los mostrará, el resto…

…no será sancionado socialmente.

Consideramos, cuando llevamos a cabo estas conductas descorteses, que no importa negarle la respuesta a alguien. Porque a fin de cuentas pensamos que no nos conoce, no tendremos personas en común, ni vez alguna estaremos enfrente de esa persona en la realidad necesitando su atención o favor. Motivos por cierto, sensiblemente aventurados sobre todo si usamos una RES en una ciudad pequeña.

"El destino se ríe de las probabilidades".

Para un usuario, cuando estamos ante alguien que no le interesa en una RES, lo más fácil es auto convencerse de que si le ignora es lo mejor para todos. Cuando en realidad, es lo más cómodo para el que ignora.

Esta autocomplacencia no hace nada más que reflejar nuestra falta de habilidades sociales e interés en el trato con los demás.

No queremos aquí inducir a que vayamos rechazando de cualquier manera a las personas que nos interesan en una RES. Lo que sí sería bueno, es conseguir que las RES sean lugares socialmente más agradecidos, considerados y por extensión cómodos para la convivencia de todos.

Un sencillo esfuerzo en aprender una serie de comportamientos o frases hechas para poder declinar las ofertas sin ofender, menospreciar, ni ignorar (que es la más dañina para el otro, de las soluciones posibles), es suficiente para mejorar la vida en las RES.

Para este fin en la psicología y el desarrollo personal encontramos la siguiente herramienta:

La asertividad.

Esta es una cualidad que nos permite expresar lo que sentimos así como defender nuestros derechos, de una manera que no agredamos a los demás. También nos ayuda en el sentido contrario, es decir a evitar que nos lleven hasta el rincón del abusado.

La asertividad nos permite lograr objetivos como: rechazar una petición "decir no", o "aceptar un halago" de manera agradecida.

En este capítulo vamos a exponer una serie de argumentaciones que nuestros lectores pueden usar cuando reciban una invitación de alguien que no les interesa, logrando así no hacerle sentir ignorado, ni despreciado.

Emplearemos fórmulas como las siguientes:

—Lo siento, ahora mismo estoy ocupado con una persona que me ilusiona bastante y prefiero dedicarle toda mi atención a ella. Gracias.

—No estoy interesada/o, pero gracias por tu interés—

—Siento no poder atenderte pero estoy saturado/a de conversaciones y prefiero centrarme en ellas, te agradezco la invitación de todas maneras—.

—Gracias, pero voy a desconectar un tiempo de la RES—.

—Espero no te importe, pero en estos momentos no estoy disponible para conocer a nadie más. Lo siento—.

Estas y otras muchas fórmulas de rechazo, están amparadas en negarnos por motivos nuestros o referidos a nuestra situación vital, en ningún caso hacen referencia a aspectos o características despreciables del rechazado.

La estrategia de "centrar en mi" el motivo de por el que no te atiendo, suaviza mucho el impacto negativo que sufre la persona rechazada.

No supone tanto esfuerzo ni nos hace invertir tanto tiempo, el dedicar una mínima atención a quién ha hecho lo mismo con nosotros. Agradeceremos que dicha conducta se tenga con nosotros en un futuro, cuando seamos quienes iniciamos una conversación.

En el caso de que el empleo de estas fórmulas de cortesía, provoque una respuesta maleducada en la persona rechazada. Debido a que esta se deje llevar por su frustración, entonces tendremos la legitimidad moral y social de ignorar a dicho interlocutor. De hecho ante esta situación de rebeldía inmadura, la ignorancia es la más recomendable de las posturas.

Para ser asertivo, amén de conocer las fórmulas de cortesía descritas, hay que tener la motivación de querer hacerlo bien. Cuando la situación social nos lleva a una esquina y obliga a un esfuerzo, tenemos dos salidas:

1- Rendirnos y abandonarnos a que sea lo que tenga que ser, no expresarnos, ni defendernos, es decir dejarnos atropellar.
2- Ser asertivos.

La asertividad es la capacidad de mostrar nuestra opinión sobre todo cuando contradice la de los demás. La asertividad nos permite ser capaces de defender nuestros derechos (sobre todo el derecho a decir no, o estar en contra de algo). Esta habilidad social también nos capacita para pedir favores, o negarlos, sin que ello suponga afrenta para los solicitados o solicitantes.

Ser asertivo demuestra motivación, interés en uno mismo y en los demás, calidad social humana, y sobre todo, demuestra ser una persona desarrollada en aspectos de crecimiento personal.

Las RES son lugares donde encontrar a alguien asertivo es encontrar un tesoro escondido entre la muchedumbre del "todo vale". Es por esto, que el hecho de mostrarse como una persona asertiva, es un factor diferencial que nos situará en la zona élite de los candidatos/as.

Por todas y cada una de estas razones útiles y positivas, hemos de trabajar y aprender esta cualidad personal. Si lo logramos, en las RES y en nuestra actividad social, habremos ganado muchos enteros como personas...

...con todas las consecuencias positivas que eso tendrá para nuestra felicidad.

Queremos destacar una serie de situaciones y ejemplos de asertividad que podríamos tener que usar en una conversación de chat, amén de las fórmulas de rechazo a candidatos ya expuestas:

—Aceptación de halagos: cuando recibimos un halago lo más correcto es decir Gracias. No negarlo, no vender una modestia sea falsa o verdadera. Agradecerlo sin más.

Cuando llevamos la contraria a un piropo sano, lo que estamos haciendo es castigar o contrariar a quien nos dedica un regalo, es hacerle quedar por mentiroso, adulador o equivocado.

—Negación de críticas injustificadas: aceptar las críticas es una conducta complicada de asumir. Si además encontramos que estas van a atacarnos de manera maliciosa, tenemos que mostrar una buena dosis de conductas asertivas, de lo contrario acabaremos perdiendo los nervios y entrando en la batalla dialéctica de desprecios mutuos (lo que posiblemente de la razón a nuestras críticas).

"Entiendo que esas críticas son injustificadas y llevan mala intención, por lo que lo siento pero no puedo aceptarlas ni quiero continuar con esta conversación".

"Me parece injusto el trato que estoy recibiendo y no tengo porque aceptarlo. No estoy interesado en continuar hablando, gracias".

"No creo que de tu mensaje pueda extraer ninguna crítica constructiva por lo tanto prefiero cerrar esta interacción, un saludo".

"Perdona pero entiendo que actúas de manera injusta y muy ofensiva contra mi persona, por lo que no quiero seguir hablando del tema". Etc.

—Aceptación de críticas constructivas: al recibir un consejo o crítica constructiva, tenemos que tener la mente fría para entender que eso nos aporta un bien en el futuro. Nos da un feedback de algo que podemos usar para ser mejores y más exitosos. Afrontando y aceptando el malestar inicial por descubrirnos y señalarnos algo malo, hemos de agradecerlo y hacérselo ver a nuestro interlocutor.

"Únicamente conociendo nuestros puntos débiles podemos trabajarlos y ser mejores cada día". Una opinión sincera y de buena fe, nos puede ser de mucha utilidad para detectar dichas carencias o errores.

—Insultos o vejaciones: La asertividad implica defender nuestro derecho a no ser agredidos por nadie.

Una persona, que en los primeros momentos de falta de confianza, donde lo habitual y natural son los intentos por satisfacer y seducir, ya muestra conductas agresivas contra nuestra estima... Es sospechosa de multiplicar dichas conductas cuando la relación evolucione en confianza. En este caso es bueno hacer prevención y cortar por lo asertivo, lo antes posible.

Recomendación: emplea el esfuerzo necesario en ser asertivo. Aprende a expresar tus derechos sin ofender a los demás, y no te dejes atropellar por ellos. El uso de la asertividad te hará mejor persona tanto en las RES como fuera de estas.

12-Aceptar ser rechazado

Hilamos aquí con el capítulo anterior de esta guía:

"¿cómo aceptar el ser rechazados?".

Cuando la respuesta que recibimos es la ignorancia más desinteresada, lo mejor es anotar esa conducta no deseada hacia nuestra persona. De manera, que dicha anotación nos sirva como un motivador positivo, para no devolvérsela a los demás.

Si experimentamos los efectos de ser ignorados, los sentimos, los conocemos, estamos entonces obligados moralmente a no infringir dicho dolor a los otros. Así poco a poco iremos sirviendo de ejemplos para cambiar el comportamiento social RES. Consiguiendo por extensión, que el mundo online sea más asertivo y considerado con los demás.

La ignorancia en la respuesta, nos provoca una serie de pensamientos de duda e incertidumbre:

—¿Tardará en responder más porque estará saturado/a de mensajes?

—¿Si no responde en el primer vistazo...ya no va a responder nunca?— ¿Cuánto tiempo esperar antes de descartar una posible respuesta?

—¿Merece la pena insistir con un segundo mensaje, para pedir explicaciones sobre la no respuesta a nuestra petición?

—¿A caso habremos dicho algo que haya molestado o que no le guste escuchar a la persona destinataria de la RES?

Estas y otras preguntas que surgen cuando no hayamos respuesta a nuestras entradas. Nos generan una sensación de frustración, así como a una sensación de estar descolocado dentro del mundo de las relaciones sociales en internet.

Desde aquí recomendamos es aplicar una serie de reglas y directrices para gestionar los casos ignorados.

1- Establecer un período estándar de espera. Empezando a contabilizar desde que el sistema nos indique que el usuario ha leído el mensaje:

   "Las primeras 48 horas son las únicas 48 horas".

   Este margen puede ser variable dependiendo de la paciencia de cada usuario, siendo importante que el esperar ese tiempo, no nos lleve a sentirnos desesperanzados.

2- No estar esperando a un único usuario/a. Alivia la tardanza, el hecho de tener abiertas dos o tres posibilidades de respuesta. Nos hará más llevadero el proceso de espera, al estimar más posibilidades de obtener respuesta.

   Aclaramos que no conviene tener abierto un número excesivo de interacciones en espera (no más de 3 o 4). Pues daría lugar a una dispersión en la atención, así como a una sensación negativa de ser ignorado, si coincide que fallan todas al mismo tiempo.

3- No suele ser recomendable reprochar, o enjuiciar a al usuario que no responde sobre su falta de educación o asertividad. Es mejor seguir hacia delante y no entrar en conflictos, hemos de pensar que entramos a una red para ganar amigos (y todas sus variantes), no para generar o mantener relaciones de reclamación (salvo que la injusticia lo exija, como veremos en capítulos posteriores). Una persona con la que entramos en conflicto de reclamación, lo más probable es que no acabe sirviendo a nuestros objetivos en la RES. Por lo tanto esa batalla ya no llegará a la victoria deseada.

4- Intentar cambiar o variar las fórmulas de entrada a la conversación, si vemos que en muchos casos estos no generan respuesta alguna. La originalidad, o una entrada basada en detalles del perfil de nuestra pretendida/o son buenas para obtener por lo menos un saludo inicial. Revisar lo tratado en el capítulo: "Un buen principio".

Cuando somos rechazados, hemos de saber aceptar esa pequeña derrota. Existen muchos usuarios que por haber sido ignorados o rechazados, entran en acusaciones y denuncias sobre las fotos o la veracidad de los perfiles. Desde el punto de vista del ignorado, hemos de reflexionar que el hecho de no ser respondidos no es de halagar, pero tampoco merece el castigo de denunciar un perfil como falso.

Recomendación: "PACIENCIA", y si esta se acaba, visitamos el bazar de la esquina y compramos más "PACIENCIA". En las RES, por su habitual estilo de uso y las formas de interacción que en esta guía vamos detallando, sin paciencia...

...no habrá éxito.

13-Influencia horaria

En un universo de múltiples posibilidades como son las RES, nos tenemos que encomendar a las casualidades y a los pequeños detalles, para explicar por qué suceden unas cosas y no otras.

Cuando las cosas están muy claras...ocurren. Cuando algo es muy probable de suceder, sucede, pero...

...¿qué esperar cuando las cosas pueden caer de un lado o del otro? ¿Del lado del sí o del lado del no?

Del lado del: "sí respondo", o "decido no conocer a esta persona que nos solicita charlar". Muchos de estos detalles han sido analizados y expuestos en los capítulos dedicados a la fotogenia, a los perfiles, a las entradas, etc. Pero hay uno más que tenemos que tener muy en consideración a la hora de actuar en una RES:

"La hora y el momento".

El momento del día en el que se interacciona es mucho más decisivo para la obtención de atención, de lo que pensamos. Y no sólo es importante la hora, a la que ofrecemos el entretenimiento de una conversación, sino también el día de la semana en el que lo proponemos.

Dependiendo de nuestro objetivo, la elección horaria puede tener más o menos significación. Si entendemos la RES como una búsqueda de objetivos para la diversión y el entretenimiento, ya sea en el ámbito sexual o simplemente para ocio salir y divertirse, tenemos que aprovechar las horas y días "víspera".

Los días víspera, son aquellos cercanos al fin de semana o festivos, la noche del jueves, el día y la noche del viernes. Estos momentos son especialmente eficaces para abordar a las personas que buscan en la RES ocupar su ocio en el fin de semana. Estos usuarios estarán más receptivos a planes e invitaciones.

Por ejemplo un usuario que quiera aprovechar las noches del fin de semana, o las tardes del sábado y domingo en pasar el rato tomando un café con una persona nueva, empleará sus respectivos momentos víspera en intensificar su actividad de búsqueda en la RES.

No sólo encontraremos un mayor aumento en la atención que le dedique al chat online, la persona que esté disponible para esos días, sino que esta además, podrá atreverse o asumir más los riesgos a la hora de quedar con alguien desconocido.

Las RES también son oportunidades para lograr planes sociales en momentos que nuestra estructura y entorno real, no nos ha ofertado ninguno.

Usando esta necesidad de entretenimiento podemos conseguir esa primera cita, que nuestra candidatura no muy contundente en atractivo, no nos ha lograría per se, en otras circunstancias horarias.

Para las personas que tienen una intención más a largo plazo, o para aquellas que se inscriben en el aleatorio viaje de chatear mucho tiempo antes de salir a la realidad, estos momentos punta, no tienen tal efecto. Pues no son oportunidad para proponer una quedada inmediata.

Si nuestro objetivo es comenzar una conversación online, y nada más. Hemos de tener en cuenta las siguientes oportunidades del calendario semanal:

Las personas que se encuentran chateando en momentos que suelen dedicarse al ocio. Como son por ejemplo, noches de sábado, sobremesa y anochecer del domingo, están más susceptibles a atender e iniciar conversaciones por entretenimiento, sin el fin de concertar una cita inmediata. No significando esto que no se pueda lograr después.

Para esto son muy eficaces las altas horas de la madrugada, a partir de la media noche, cuando las personas que convivan con hijos, ya estén liberadas de su cuidado. Será entonces, cuando se sienten delante de la pantalla a gastar el rato que les falte para la vencida del sueño.

Del mismo modo que dentro de la agenda semanal encontramos horas diana provechosas, hay otras que son todo lo contrario, son las "horas muertas". Horas que en el mejor de los casos serán eficaces para abordar un determinado colectivo. Ejemplos de estas excepciones:

1) Durante la mañana:

Amas de casa

Personas sin trabajo.

Estudiantes y opositores.

Personas con trabajo a turnos u horario flexible, con grandes períodos de inactividad dentro de su horario de trabajo.

2) Las horas del medio día y durante la comida:

Son las más inadecuadas, apenas encontraremos aquí disponibles a personas que coman solas o fuera de casa, y usen las RES en teléfonos móviles.

3) Altas horas de la madrugada:

De las 3 de la mañana en adelante, aspiraremos a personas que trabajen de noche, e insomnes. Salvo la excepción, claro está, de las noches del fin de semana.

4) Al amanecer entre las seis y las 9 de la mañana:

Es cuando la RES descansa.

Recomendación: presta atención y planifica bien el horario en el que asistes a la RES. Te permitirá aprovechar al máximo el tiempo de conexión que le dediques, y encontrar la mejor disponibilidad de los otros usuarios.

14-El momento de la proposición

Una de las dudas que más nos asalta cuando entablamos conversación interesante con algún usuario/a de la RES, es:

¿Cuál es el momento idóneo para proponer una primera cita?

¿Es mejor pronto? ¿En la primera charla? Siempre y cuando esta evolucione de manera satisfactoria.

¿Retrasarlo un poco más? a postreras interacciones para no parecer demasiado atrevido.

Entre el atrevimiento y la paciencia, naufragamos cada vez que nos apetece quedar con un usuario/a recién conocido, y no queremos estropear la oportunidad.

La búsqueda del momento justo no atiende a perfiles, reglas predefinidas, o a trucos de seducción online, simplemente hay que saber interpretar.

Interpretar lo que la otra persona piensa, quiere o siente, respecto de enfrentarse en la realidad a una persona "desconocida" por internet.

Cada usuario, según la situación en la que se encuentre en el momento dado de la conversación, será susceptible a una velocidad u otra, a la hora de saltar a la cita de la verdad.

Lo recomendable es ser capaz de captar esa información de la predisposición del otro, antes de tomar la decisión del momento en el que presentar nuestra candidatura a verse fuera de la red.

Para esto, es bueno que consideremos varias preguntas y sus consecuentes indicios que la otra persona nos lanzará como respuesta:

1—¿Esto sirve para conocer gente en realidad? ¿Es decir tú por ejemplo has quedado con muchas personas en el tiempo que llevas en esta RES?

Al indagar sobre el número de personas vistas en la realidad, y siempre y dependiendo del tiempo que lleve usándola, podemos ir estimando su facilidad para conocer fuera de la red. Por ejemplo una persona que lleve un año usando la RES y haya quedado con una o dos personas, normalmente será muy reticente a ello, lo que significa que necesitará más conversaciones para dar un sí. Sin embargo un usuario que en apenas un par de meses, ya haya disfrutado de tres o cuatro citas, demuestra una buena predisposición a quedar con alguien a la primera simpatía.

2—¿Cómo ves de sincera a la gente en la RES? ¿Confías en que cuando te vayas a poner en frente de las personas, sean lo que te han contado?

Con esta pregunta indirectamente encuestamos sobre casos pasados en los que ha quedado. Y cómo ha sido su impresión de dichas citas. Aquí una opinión negativa o unas expectativas desconfiadas de las personas que usan la RES nos va a indicar que ese usuario, necesita más información para dar el paso.

3—¿Te has encontrado cómodo/a en las ocasiones que has conocido a alguien de aquí?

Indirecta útil para obtener información de si ha salido a la realidad o no. Así mismo, nos puede servir para recabar información sobre su grado de satisfacción con el hecho de quedar con alguien conocido en el chat. Un alto grado de satisfacción nos indicará que está predispuesta. Por el contrario, la descripción de decepciones en el pasado nos puede hacer necesitar más tiempo de conquista online, para ofertar nuestra cita.

4—¿Crees que se puede conocer bien a una persona charlando por una web como esta?

Estamos solicitando sus expectativas de eficacia, sobre el hecho de chatear versus conocer de verdad. De modo, que todos aquellos que expresen como lo idóneo el verse cara a cara para ir conociendo, estarán más predispuestos a un primer encuentro rápido. Los usuarios que sí validan el chat como método eficaz para conocerse, serán aquellos que atrasen más las primeras citas. En realidad estos usuarios no verifican con esto la idoneidad del chat, lo que hacen es excusar o disimular su miedo a quedar de verdad con alguien.

La finalidad de estas preguntas indirectas es lograr que nuestro contertulio/a exprese su forma de ver el hecho de quedar fuera con personas conocidas en el chat. Podríamos usar una pregunta directa, pero con esta acabaríamos expuestos porque en realidad podría interpretarse como una proposición de facto, como en el siguiente ejemplo:

¿Cuánto necesitas charlar con alguien para quedar a tomarte un café?

Elegir el momento adecuado para proponer una cita es muy importante. Puede dar mensajes no idóneos sobre nuestras intenciones.

Analizamos ahora, las dos posibles desviaciones:

1) Anticiparnos al momento en el que la persona estaría dispuesta a confiar en nosotros:

Nos puede hacer parecer sospechosos de intenciones meramente sexuales.

2) Retrasar la petición, más allá del momento en el que ya sería aceptada. Puede esto hacer que la persona entienda varias causas:

La estamos usando como entretenimiento en el chat.

Gestionamos al mismo tiempo, otras seducciones y dejamos esta para después. Lo que da una imagen de segunda opción, muy poco deseada.

Ocultamos alguna información importante de nuestra vida, como el hecho de estar casados/as o tener pareja.

Desinterés real.

Al margen de las sensaciones que despertemos en la otra persona, el hecho de dilatar la petición de cita, nos puede hacer caer en lo analizado en un posterior capítulo de esta guía:

"Los otros también juegan".

En el caso de que nuestra encuesta con alguna de las preguntas propuestas en este capítulo, no de una información clara, siempre podemos usar la estrategia del seductor/a caballeroso/a.

Dicha técnica consiste en expresar de manera sutil el interés en poder tener un encuentro con esa persona algún día (a determinar libremente por el receptor):

"Viendo lo agradable de estas conversaciones, me gustaría en algún momento en el que estés disponible, poder conversar delante de un café. Si en un futuro cercano ves esa posibilidad házmelo saber".

Finalmente en el momento en tengamos claro que ya se puede formalizar una proposición, la sutileza nos servirá de herramienta universal. A las personas que sean reticentes a una cita pronta, la pregunta directa les puede desencantar, sin embargo la indirecta les da facilidades para escapar sintiéndose cómodos. Mientras las personas que estén predispuestas, entenderán dicha sutileza como una proposición velada, y la cogerán a favor de sus intereses (que en este caso también serán los nuestros: conocernos fuera).

Recomendación: el momento que escojamos para presentar la oferta a conocerse en la realidad, debe estar acorde con las intenciones de nuestro usuario/a objetivo, y con lo tratado en la conversación. Debemos acertar en el momento exacto o podemos dar la imagen de precipitados o desinteresados. Emplea la sutileza, te servirá tanto si aciertas como si hierras en el momento elegido para hacer la proposición.

15-Más vale usuario online

Entre las múltiples variables que nos van haciendo seleccionar o filtrar a qué usuarios abordamos o respondemos, y a cuáles no. Existe una, que poco atendemos y menos importancia damos:

"Estado Online".

Al igual que cuando visitamos un comercio en busca de un producto. El hecho de que haya un modelo del artículo presente en el establecimiento, nos hace decidirnos por ese, en detrimento de otro que llegará en breve (incluso siendo el ausente nuestra primera elección). Lo mismo sucede en las RES. Cuando los usuarios están online en el momento que nosotros nos sentamos ante ellos, esto influye muy positivamente en que sean los elegidos para interaccionar.

La necesidad del resultado inmediato o el efecto seductor del ahora, convierte en algo más que aconsejable el intento por aparecer online o activo, la mayor parte del tiempo posible.

La permanencia online es una estrategia para la que podemos usar el acceso por teléfono móvil, por ejemplo dejando la aplicación abierta en segundo plano en nuestro terminal.

La visita cada cortos períodos de tiempo vía ordenador a la página web, también nos mostrará en estado online durante un rato posterior a dicha visita.

El empleo de la estrategia de permanencia online, en los momentos donde NO podamos atender correctamente a nuestras solicitudes, conllevará el uso de unas fórmulas de cortesía para post poner la charla. Lo ideal es citarle a una hora próxima determinada, previa explicación de que nos encontramos ocupados por motivos laborales o de otra índole. Dejando claro a la vez, que estamos muy interesados en conversar con esa persona.

Satisfacer el "¡ahora!", es uno de los motivadores más efectivos para iniciar conversaciones en la RES. Muchos usuarios cuando se sientan a conocer a nuevas personas, lo hacen con la intención de aprovechar el momento en el que lo intentan. De manera, que el ver usuarios muy atractivos en fotogenia o perfil que llevan varios días desconectados, los acaba desalentando.

Recomendación: hay que estar siempre abierto al público, para vender mejor el producto.

16-La primera vez nunca se olvida

La primea cita cara a cara es el auténtico nacimiento de la relación. Podemos caer en el engaño de pensar, que el intercambio de muchas confidencias entre dos personas pre conociéndose online, le resta importancia al momento en el que se presentan delante el uno del otro.

¡Gran error!

La confianza generada online, es algo que hay adelantado y que se puede aprovechar a la hora de establecer los temas de conversación… poco más.

Es por esto, que la primera vez que nos sentamos frente a nuestro compañero/a de la RES, tenemos que prestar la misma atención e interés que usaríamos si fuese un total desconocido.

En este tipo de "citas tuertas" suele ocurrir que el avance y la confianza que se va estableciendo entre las dos personas, empieza tan lento o incluso más, que al sentarnos ante un desconocido por completo.

Una vez confirmados los datos básicos que corroboran la identidad de la persona que nos insinuó internet, se eliminan las defensas y los miedos, y se produce un progreso rápido en la confianza. Este fenómeno de avance súbito tras el desconcierto inicial no es tan frecuente en citas a ciegas con una persona nunca antes interaccionada. Aquí sí, una vez roto el duro hielo inicial, encontramos diferencias positivas y en favor de haber charlado previamente en la RES. En este segundo punto del avance sí podemos empezar a sentir que algo conocemos de esa persona producto del chat.

Otro fenómeno psicológico muy típico a prevenir en estas primeras citas es el siguiente:

Ignorar la importancia de la primera impresión al citarnos con alguien con el que ya hemos establecido un prolongado contacto previo, nos hace descolocarnos ante el encuentro a primera vista. Dar por sentado que esa primera impresión física ya no nos afectará, nos puede aturdir unos minutos y situar en un estado de nerviosismo pasajero que dificulte los inicios de la cita.

A priori, este estado desubicado por la impresión inicial, no sería muy trascendente en el cómputo global de la cita. Pero, hemos de cuidarlo mucho en el caso de que hayamos configurado una cita exprés de apenas treinta minutos. En este caso, nos podríamos pasar casi la totalidad asimilando y reaccionando en nuestro interior a dicho impacto. Sumado esto a la presión del tiempo que expira, puede dar lugar a dudas e incomodidad que impedirían dar una imagen natural y relajada de lo que somos y podemos ofrecerle a la otra persona.

Por muchas fotos que hayamos visto, o por mucho que hayamos escuchado su voz, nunca debemos olvidar que la primera impresión física no se puede recoger en una imagen fotogénica.

El objetivo de una primera cita es fundamental a la hora de encararla. Dicho objetivo ha de ser coherente con la interacción online establecida entre las dos personas. Y por su puesto con las intenciones finales que nos llevaron a inscribirnos en una RES. Según dichos objetivos las primeras citas las podemos clasificar en estos tipos:

1—Conocer gente: esta categoría hace de cajón de sastre, donde podemos incluir la mayoría de las intenciones que un usuario puede albergar:

1.1 Hacer amigos, para salir, charlar, tomarse un café, compartir aficiones comunes, etc.
1.2 Buscar una relación estable.
1.3 Una aventura duradera.
1.4 Una actividad sexual en otro momento.

En estos supuestos la primera cita ha de satisfacer solo un objetivo:

"Conseguir una segunda"

2—Encuentro sexual furtivo: al ir con tan directas intenciones, lo primero que deberíamos haber hecho es acordar de manera previa con la otra persona en la RES, este objetivo sexual. Para ello hemos de afilar nuestra asertividad y nuestras habilidades comunicativas, de manera que sepamos expresarlo y aclararlo sin ofender ni molestar, o en su defecto lanzar las insinuaciones oportunas y realizar la adecuada lectura entre líneas. De lo contrario, podemos encontrarnos con malentendidos y conflictos muy desagradables. El objetivo de esta primera cita es:

"Consumar la actividad sexual en el momento".

La mayoría de las personas, incluso habiendo preestablecido el encuentro sexual, en la primera impresión han de sentirse cómodas, confiadas y por supuesto nada presionadas. Es por esto conveniente, dedicar los primeros minutos a crear este ambiente de confianza.

De manera, que a pesar de quedar claro el fin en orgasmo, hemos de ir y estar preparados para que dicha consumación se post ponga a un segundo encuentro, o incluso se cancele. Sin tener ello que llevarnos a presionar o echar en cara nada a la otra persona.

Recomendación: sea cual fuere el objetivo de los aquí clasificados, siempre es idóneo lograr en la primera cita un ambiente de tranquilidad, confianza y buena sintonía con la persona que ha salido del escondite online para conocernos. A partir de aquí se cimentará cualquier tipo de relación futura.

17-Te pinté como yo quería

La subjetividad de lo desconocido, o el completamiento de la información faltante, son ejemplos de procesos y situaciones psicológicas que nos afectan cuando nos encontramos con alguien interesante en una RES.

Al indagar en un mar tan oscuro con una linterna tan estrecha como el ojal de una camisa, es normal que la información que recibamos, por ser tan escasa, sea víctima de completamientos subjetivos, que hacemos sin darnos cuenta.

Conocer a alguien desconociendo como sucede online, no puede sustituir la eficacia de la interacción cara a cara, por muchas preguntas que le hagamos o muchas imágenes que nos muestren.

No podemos apreciar su gesticulación no verbal, sus tonos o su mirada. No podemos evaluar la auténtica ilusión que le hace lo que nos está diciendo, o la propuesta que está recibiendo por nuestra parte. No podemos descubrir si la pregunta le ha resultado incómoda, o la respuesta nos la está dando con tono complaciente.

En una conversación por chat, donde las palabras sin vida van y viene en paquetes de frases que se intercambian cada puñado de segundos, es muy fácil salirse por la tangente e ignorar temas y cuestiones de las cuales queremos escondernos. Temas y cuestiones sobre las que pensamos saldremos mal parados, o que no darán una imagen seductora de nosotros mismos.

El no tener delante a la personas y ver sus reacciones, más los tiempos demorados y pausas de respuesta que se producen en un chat, nos dan lugar a pensar y diseñar fríamente nuestras respuestas. Las circunstancias facilitan dar una imagen planificada.

Cuando nos enfrentamos a estas situaciones de escasez informativa, y sin ser muy conscientes de ello, lo que hacemos es ir completando la poca información que obtenemos en cada conversación.

Para esto usamos varias herramientas:

1) Los prejuicios: sobre tipos de actuaciones o formas de venderse y mostrarse a los demás. Ejemplo: el hombre que habla y promete demasiado seguramente sea un seductor estafa.

2) Nuestro historial sobre otras personas similares conocidas en la RES, o en situaciones análogas.

3) Encuestas de opinión entre amigos y conocidos:

Preguntamos a nuestros amigos por su opinión, cuando ellos además de carecer de la comunicación no verbal, también lo hacen de la contextual en los mensajes. Es decir, estarán aún más desinformados que nosotros mismos.

4) La deducción detectivesca:

Se produce cuando usamos algunos indicios como el tiempo de conexión, o lo que ha tardado en responder a nuestros saludos, para extraer conclusiones deductivas sobre el interés en nosotros. Conclusiones que ni el más afamado de los investigadores de la ficción podría superar.

Este proceso de completamiento de lo desconocido, o de lo no claramente explicado, nos lleva a pintar un cuadro a nuestra imagen y gusto.

Si además estamos sintiendo una ilusión por esa persona, entonces nuestra compañera negativa de fatigas: "la ansiedad", empujará para que necesitemos aún más rellenar lo que no conocemos; y caigamos por precipitación, en la trampa del completamiento subjetivo.

Ya hemos tratado en otros capítulos de este libro de la lentitud con la que se descubre lo que realmente es, la persona que está al otro lado de la red. Cuando nuestro ímpetu nos juega una mala pasada lo que estaremos haciendo no es descubrir como esa persona es. Lo que en realidad hacemos es, pintarla como nosotros deseamos que sea.

"Sospecha, cuando te enamores de lo que querías enamorarte".

Muchos usuarios de una RES se ilusionan e incluso enamoran muy fácilmente dentro de las interacciones por chat, porque al no tener la información suficiente, y caer en estos procesos descritos aquí, lo que en realidad hacen es ir diseñando y pintando su situación romántica ideal. Y claro... ¿quién no se enamoraría de su propia imagen idílica de situación romántica o persona ideal? Sobre todo si estamos necesitados de un cariño romántico.

Estos procesos de auto diseño subjetivo de la situación romántica, llegan a tal punto que incluso pueden afectar a la imagen física de la persona que nos ilusiona. Viéndola o interpretando sus imágenes de una forma diferente a lo que en realidad son.

Encontramos aquí un fenómeno psicológico de prejuicio y completamiento muy curioso, consiste en estimar que una persona con una característica sobresaliente, también será buena en el resto de sus atributos personales. Por ejemplo una persona muy bella, entendemos también que será muy agradable, simpática, inteligente, responsable y viceversa.

Recomendación: cuando notes que tus ilusiones crecen, intenta confirmar lo antes posible, fuera de la red, la existencia y real esencia de la persona que tienes al otro lado del chat. Si hay algo en lo que no merezca la pena perder el tiempo, o caminar sobre pies de aire, son las emociones sentimentales.

18-La trampa del entusiasmo

Elbert Hubbard dijo una vez:

> "No se tome la vida demasiado en serio;
> nunca saldrá usted vivo de ella".

No se tome las RES demasiado en serio, total mientras no salga el contacto a la realidad, nunca será más que una conversación desconocida.

Las RES nos regalan un inmenso número de posibilidades de conocer personas para satisfacer nuestros objetivos, sobre todo cuando acabamos de descubrir ese mundo de interacciones por primera vez.

Esto nos puede suponer un exceso de énfasis, de motivación, y porque no llamarlo así: ilusión.

Dicha sensación, tan positiva en la psicología, es bueno intentar dosificarla durante el bautismo RES.

Toda esta ebullición de interés, se multiplica si en la realidad una persona no tiene suficientes estímulos novedosos, o no se le presentan muchas oportunidades de conseguirlos. Las personas que por su trabajo o quehaceres diarios, están aisladas socialmente, o en complicada disposición para conocer gente nueva, son más proclives a verse arrolladas por la novedad de una RES.

La consecuencia peligrosa de esto es "engancharse" a estas RES. A lo largo de este libro veremos como algunas de las características de interacción en las RES, hacen que estar demasiado dependiente de estas plataformas, puede dar lugar a malestares psicológicos.

No es nocivo psicológicamente estar ilusionado con algo, todo lo contrario, pero el caso de las RES es singular. Por su modo y reglas de interacción, las relaciones caminan demasiado lentas, y el exceso de ilusión nos puede llevar a la frustración continua.

Un ejemplo de esto es, conocer a alguien que a la primera conversación nos llama mucho la atención, y no volver a tener la suerte de coincidir conectados hasta dentro de una semana. Ya ocurra esto por la no coincidencia horaria, o porque dicha persona por motivos ajenos a su vida en la RES, no esté disponible durante ese período de tiempo.

También nos puede ocurrir, el hecho de que nosotros chateamos sólo con una persona, pero esta lo haga con varias a la vez, por lo que su velocidad de respuesta nos obliga a estar mucho tiempo esperando (¿y...desesperando?). Avanzando así, la conversación a pasos mucho más pequeños que los que nuestro ímpeto requiere.

Ilustremos esto, imaginando ahora un caso hipotético:

Estamos en casa y nos llaman por teléfono del organismo nacional de loterías del estado, la conversación comienza indicándonos que hemos sido agraciados en una lotería especial en la que se premia al número de teléfono. Nuestro número ha salido elegido y nos han llamado varias veces, estando el premio a punto de caducar.

Imaginemos por un momento la cantidad de motivaciones, prisas que nos entrarían por conocer lo que hemos de hacer para cobrar el premio. Y de repente, la conversación pasa a espera con una música relajante de jazz. Nuestro interlocutor vuelve y cuando está a punto de aclararnos el importe de lo ganado, de nuevo nos pide disculpas y corta la llamada. Al tercer intento vuelve a interrumpirnos porque se corta la línea. Esperamos la nueva llamada...y así sucesivamente durante diez o quince minutos de estar ansiosos esperando la resolución.

El funcionamiento de las interacciones en los chats de las RES muchas veces es así de trabado y frustrante. Por lo tanto, podemos llegar a desesperar si nuestra gasolina de entusiasmo rebosa el depósito. Y lo que es mucho peor, cometer alguna imprudencia o indiscreción, fruto de que nuestra prisa es cortada en seco una y otra vez.

A esta situación de estrés hemos de unir, la ineficacia de los indicadores que usan las plataformas de estas RES. Esos iconos de aviso cuando los otros usuarios están online, no responden exactamente a la precisión temporal.

Una persona se muestra como conectada, puede que lleve un tiempo fuera de la red. Al usar estas plataformas mediante el dispositivo de telefonía móvil, la conexión se puede activar como "online" un rato pasado de su uso. En el mismo sentido podemos aparecer disponibles, cuando ni si quiera se ha usado la aplicación de la RES en su teléfono, o dicha aplicación ha quedado activada en segundo plano, por no haberse cerrado correctamente.

Toda esta incertidumbre que alimenta más si cabe, nuestra ansiedad por entablar relaciones en el chat, nos obliga a tener que armarnos de sangre fría y paciencia. No es lo más conveniente recién entablada una conversación con un desconocido/a, el importunarle o insistirle, ofreciendo una imagen de ansiosos o controladores.

Imaginaos una interacción recién comenzada con alguien que hemos hablado media hora en el día anterior y de pronto nos saluda, a los diez minutos nos vuelve a saludar, y al rato posterior nos insinúa un tercer saludo:

"Buenas hoy parece que no quieres hablar conmigo", por ejemplo.

Si estamos trabajando, haciendo la compra, en el coche de vuelta a casa, o cualquiera del sin fin de situaciones que nos pueden impedir escribir un mensaje de respuesta adecuado, empezaremos a sentirnos presionados, obligados, e incluso agobiados por esa persona. Lo que no supone una buena segunda cita conversacional, tras ese primer encuentro online agradable.

El mejor antídoto contra esta ansiedad por conocer, es abarcar más de una situación de interacción con personas nuevas (sin exceder las tres recomendadas). A fin de cuentas, por mucha compatibilidad o feeling que hayamos experimentado en una hora de chat. Por mucho que nos hayamos ilusionado, eso nos más que un buen principio, no asegura nada, no compromete, y en realidad no nos informa de nada (aún quedaría mucho y muy importante por conocer de esa persona antes de saber si nos gustará). En el siguiente episodio de este libro: "EL gatillazo RES" profundizamos sobre este asunto.

"Chatear con alguien nuevo no es más que el primero de un millón de pasos hasta lograr algo feliz con esa persona".

Recomendación: el uso de las RES hemos de tomarlo con calma. Nunca debemos perder el timón de nuestras sensaciones de euforia dentro de conocer tanta novedad atrayente. Esto nos permitirá permanecer estables en nuestro comportamiento. Además, NO es bueno situar todos los huevos en la cesta de las RES, hay que buscar también alternativas de nuevas interacciones sociales en la realidad.

19-El gatillazo Res

A las primeras de cambio en una conversación, descubrimos una buena compatibilidad con alguien: entiende y secunda nuestras bromas, nos sorprende con otras del mismo estilo, nos hace reír, en resumen nos sigue el juego.

Captan los mensajes que ciframos entre líneas, nos adulan o simplemente nos muestran una atención digna de elogio. Si a esto le sumamos el intercambio de información íntima por ambas partes, la situación empieza a ir sobre ruedas. En este instante es cuando empezamos a pensar que ahora sí hemos encontrado alguien en la RES, que nos puede aportar algo más que un intento de charla sin evolución a más en el futuro.

Desgraciadamente, y sin negar que eso es un buen principio, no hemos de creer más allá de eso...es un buen principio.

En el fondo no es tan significativo como nos da la impresión mientras lo estamos viviendo. Por muy bonitos e idílicos que sean esas primeras líneas, el lazo que se establece entre ambas personas sigue estando sujeto por un hilo de seda muy frágil.

No queremos con este capítulo anular las ilusiones que os generen las RES en los primeros escarceos de cada conversación. Pretendemos constatar, que cuando una cosa empieza bien en una conversación inicial, no es más que una buena conversación inicial. Sin lugar a dudas es mejor que una conversación insípida, poco original, o una conversación que nunca comenzó por no participar uno de los interlocutores. Únicamente intentamos aquí, que el lector entienda y asuma la auténtica velocidad de avance que hay en una interacción por un chat.

Experimentaréis como en muchas ocasiones la atención que os prestan o la congruencia de algunas características personales os da una falsa sensación de compatibilidad con la otra persona. Sensación que está sustentada en muy poca información (es uno de los inconvenientes de chatear, se conocen muy pocas cosas y en un goteo muy dosificado).

Podemos tener la impresión de que hemos estado hablando con alguien dos horas, con lo que eso nos sorprende a nosotros mismos al analizarlo. Pero en realidad haber conocido muy pocos hechos reales de su forma de ser y pensar.

El tiempo transcurrido en esas dos horas no es real, o mejor explicado, no es comparable al tiempo que transcurre en la interacción real. En un encuentro cara a cara, esa cantidad de información intercambiada se habría logrado en muchísimo menos espacio de tiempo.

Imaginemos ahora una interacción en la realidad donde conocemos a alguien que nos interesa en una conversación de un par de horas un viernes por la noche. Volvemos a coincidir el sábado para otra conversación similar. La unión, la intimación, el avance en la interacción de esas dos personas charlando y conociéndose, es muy grande.

Si ahora trasladamos la misma situación a dos charlas nocturnas de igual duración, pero en un chat, encontraremos que el avance informativo logrado, apenas supera lo correspondiente a los diez primeros minutos de la interacción en la realidad.

Hemos de ser conscientes de estas diferencias, para no caer en la trampa de pensar que las horas de interacción dedicadas a un chat aseguran un avance y una compenetración al conocer a alguien. Podemos determinar que cada cien minutos de chat equivalen a unos diez minutos en un cara a cara típico de los que se tienen offline.

En nuestra evaluación de cómo va avanzando la relación tenemos que tenerlo en cuenta para no pensar que volamos a alta velocidad en el conocimiento del otro. La verdad es que simplemente hemos andado unos pocos pasitos de bebe, encima de un puente sustentado unos cables mellados, y bajo el cual nos esperan unas sospechosas arenas movedizas.

Es una falacia en la que caemos fácilmente en este tipo de plataformas, el pensar que por habernos llevado una impresión favorable de haber chateado con alguien durante un largo período de tiempo, hemos establecido unos lazos equivalentes a haber conversado el mismo tiempo, en la vida cotidiana.

Dicha falacia da lugar a lo que en este capítulo hemos querido llamar:

"El gatillazo RES"

De repente en segundas conversaciones con alguien con quien hemos simpatizado bastante, sucede u ocurre algo que termina bruscamente la interacción con esa persona:

Una broma mal entendida, una pregunta indiscreta, descubrir algo en la otra persona que no nos gusta nada, un comentario que sin saberlo ha herido la sensibilidad de nuestro interlocutor, unas fotos que no agradan, etc.

Todos estos y algunos otros, pueden ser desencadenantes de un ligero conflicto que destruye la interacción existente. Demostrándonos esto, que estaba sujeta por un hilo muy fino.

Experimentado este gatillazo res, nos asolará la tristeza por la idea de que no era tal la conexión. Como conclusión consoladora a esta sensación, hemos de entender que: no es tanto lo perdido, porque no era tanto lo que existía.

Recomendación: asume que cada diez minutos de chat son como un minuto de interacción en la realidad. No interpretes que llevas mucho avanzado cuando NO es así, si no la primera piedrecita te provocará una caída sorprendente e inesperada... Y sufrirás un gatillazo RES.

20-Una excepción, a largo plazo

"La paciencia es amarga, pero sus frutos son dulces"

Jean Jacques Rousseau

"Los frutos no se recogen antes de sembrarlos, ni si quiera en el momento de estar sembrándolos".

Existe una excepción, a la política aconsejada de abreviar el contacto inicial en la RES para pasar a la realidad lo antes posible. De dicha excepción vamos a hablar en este capítulo.

No siempre podemos encontrar una disponibilidad inmediata para quedar y verse fuera, de hecho hay muchas personas en las RES que huyen de estos procederes por miedos o desconfianzas. Ante esos casos (y excepcionalmente con este tipo de usuarios), podemos emplear, si tenemos la paciencia suficiente, una estrategia de trabajo a largo plazo.

Estos usuarios temerosos de dar el paso a la realidad, en el fondo quieren y necesitan cumplir su objetivo en la RES, el de conocer a alguien. Son su experiencia previa y/o sus creencias negativas, lo que les hace tomar excesivas precauciones a la hora de lanzarse.

Estos usuarios son fáciles de detectar porque ellos mismos nos suelen avisar de que les gusta tomárselo con muchos miramientos, o mejor escrito, con mucho parlamento.

Esta excepcional forma de emplear la RES, nos llevaría a entablar una relación "No profunda, ni íntima" en la que iremos dosificando algunas interacciones agradables y sencillas (conversaciones para estar a gusto y pasar el rato sin más).

Recomendable es, que dichas charlas se vayan esparciendo a lo largo del tiempo.

Muy importante, no confundir con entablar una pseudo relación cibernética de conversación diaria, durante meses.

Esta lenta variante nos llevará a disipar los miedos a la precipitación que albergue nuestro contertulio/a. En ella, y para no caer en las trampas que tanto hemos descrito en este libro, debemos dosificar nuestros intentos, nuestra atención, y por supuesto NO avanzar en la intimidad profunda empleando la opción online.

Al emplear este excepcional proceder, necesitamos paciencia y una muy baja dosis de entusiasmo. De lo contrario caeremos en la frustración al ver como el tiempo pasa, las interacciones son agradables, pero no surge la oportunidad en directo.

No debemos preocuparnos de lo tratado en el posterior capítulo "Los otros también juegan". Las especiales características de reparo y desconfianza de nuestro contertulio/a, acabarán provocando que los demás usuarios caigan en la desesperación, la precipitación, o parecer demasiado insistentes; lo que les llevará a ser eliminados. Mientras, nosotros a nuestra velocidad de crucero, lograremos ir dando la imagen de maduros, excepcionales y diferentes.

Incluso cuando nuestro objetivo es el de rellenar el espacio entre sábanas de la siguiente noche, el hecho de acelerar en demasía nos suele hacer fracasar. Acabaremos pareciendo obsesos/as en lugar de personas.

Es obvio que la necesidad de muchos usuarios les hace precipitar el desarrollo de los acontecimientos, pero cuando se trata de un desconfiado/a, este se verá asustado por el precipitado. Lo que suele terminar en cerrarse a dicha persona.

Dentro de la amalgama de historias y anécdotas recabadas para la realización de este libro, hay una que nos llamó la atención. Es ejemplo de lo que exponemos en este capítulo.

Uno de nuestros testimonios en las RES, comenzó a usarlas, y en sus dos primeros meses largos de interacción intensiva, apenas logró sacar a un aperitivo nocturno a una chica. La cita fue agradable, amistosa, rellena con una charla coloquial; pero no dio lugar a interacciones posteriores.

Nuestro protagonista, continúo en el esfuerzo de la búsqueda, y aproximadamente a los dos meses y medio de uso. De repente en el plazo de una semana conoció a tres usuarias distintas.

Nos narraba como dos de ellas eran personas con las que había iniciado contacto en sus dos primeras semanas de navegación.

Había estado dos meses interaccionando con estas dos personas, de manera intermitente, y ya desesperanzada del objetivo final. Y cuando menos se lo esperaba...

...aparecieron los frutos.

Insistimos en la idea de que NO hemos de plantear todas las estrategias de conocer personas, a tan largo plazo. Pero si tener en cuenta, que para determinado tipo de relación futura (como una amistad o una relación estable), y con personas muy desconfiadas:

La lentitud es una excepción a tener en cuenta.

Será necesario cerciorarse en primer lugar, de la prisa, la necesidad, los pensamientos al respecto de citarse, o el grado de desconfianza con el mundo online que tenga la persona a conquistar en cuestión (como ya se expuso en el capítulo "El momento de la proposición"). Recordad siempre que una de las cualidades más despreciadas en la interacción online para conocer personas, es la desesperación.

Hombres y mujeres suelen interpretar la ansiedad por quedar y por conocerse, como un signo de malas intenciones, desequilibrio emocional, o peligro de acoso posterior. De esta manera, dar la sensación de tranquilidad, de seguridad y templanza a la hora de interaccionar y manifestar el deseo de conocer a la otra persona es un gran punto a favor. Sin llegar a caer en la desidia, el desinterés o el pasotismo, claro está.

El resumen de esta idea a trasladar a nuestro usuario destino es:

"Estoy interesado/a en conocerte…pero no en agobiarte ni presionarte".

La paciencia para lograr una primera cita real, no debe conllevar el usar la RES como estadio de conocerse. En dicho caso caeríamos en la trampa de navegar en el océano más oscuro. Para conocerse de verdad está la interacción cara a cara en el mundo real.

Recomendación: al sembrar lo que hacemos es mantener algunos contactos esporádicos, relajados y agradables sin mayor intimación, a la espera de que llegue la oportunidad de entregarse en la realidad al conocimiento de la persona. Para esto podemos por ejemplo, compartir un par de conversaciones breves y no excesivamente íntimas, a la semana.

21-El barco sin rumbo

"Al barco que no tiene rumbo no hay viento que le ayude"

Uno de los peligros que podemos encontrar cuando entramos a una RES, es el de encontrarnos barcos sin velas anclados en la mitad de este océano de posibilidades.

En las RES naufragan muchas personas que han zarpado por motivos distintos al encuentro y conocimiento de otras almas. Estas personas permanecen a la deriva, sin tener intención alguna de salir del estatus online para enfrentarse a nuevas aventuras en la realidad cotidiana.

Los motivos con los que más frecuentemente hemos topado para estos comportamientos han sido los siguientes:

1) Mero entretenimiento, lo que comúnmente llamamos "pasar el rato":

> Estos usuarios están aburridos de la televisión y sus programas basura, de los pasatiempos, de una buena lectura, así como de cualquier otro hobby nocturno que rellene los tiempos muertos pre-cama. Emplean el chat y el cotilleo en la RES como nueva alternativa para distraerse.

2) Curiosidad:

> Han escuchado hablar de estas redes, a algunos de sus compañeros, amigos o familiares. Entran a conocer cómo funcionan y qué tipo de personas las usan. Estos usuarios son ras-

treadores curiosos, que no albergan otra intención que no sea cotillear el mundo Res.

3) Motivo desconocido:

Por muy extraño y especial que parezca, hemos encontrado muchos casos de personas que se inscriben en una RES sin saber porqué. Muchos de estos usuarios explican su presencia en la RES como respuesta a la invitación que recibieron de un conocido. Este grupo menor de personas no sería partícipe de este capítulo, si no fuese por el hecho de que no tienen interés en conocer a nadie fuera de un chat, eso es lo único que tienen claro.

Encontrar un barco sin velas dentro de una RES es sufrir un banco de tiempo perdido del cual debemos de salir lo antes posible. Estos islotes nocivos perdidos en la mitad de ninguna parte pueden hacernos entretener y fracasar en el uso y disfrute de las RES.

Otra herida que nos producen estos pesos muertos en la RES es el hecho de que nos alimenten de manera artificial una ilusión por conocerles, que ellos saben nunca se hará realidad. Con el consiguiente estado de frustración y tristeza al descubrir que todo lo hablado, y experimentado con ellos había sido una estafa temporal.

Al experimentar el impacto contra uno de estos islotes online, hemos de intentar aprender para detectar al próximo inquilino fraude, lo antes posible. Si no adquirimos este adiestramiento en detección de intrusos que roban nuestro tiempo, pronto llegaremos a la decepción total con las redes de encuentros sociales, y las abandonaremos.

Queremos en este capítulo de nuestro viaje, aportar una serie de indicios o pistas a investigar, para detectar lo antes posible a estos sujetos/as en las RES, y no regalarles nuestro tiempo ni nuestras atenciones, un segundo más de lo merecido.

1) Suelen ser personas que manifiestan cierta desconfianza en encontrar gente que merezca la pena por internet.
2) Cuando les realizamos preguntas sobre cuántos usuarios han conocido fuera de la RES, dan una respuesta negativa (nunca, a nadie, etc.) o intentan evadir la respuesta. Sin dar motivos ni causas de por qué no han experimentado ninguna interacción real.
3) No muestran ningún interés por nuestro aspecto físico, ni por nuestra forma de ser o pensar. Simplemente participan de conversaciones para pasar el tiempo o empleando de manera frívola el sentido del humor.
4) No muestran cordialidad a la hora de despedirse, ni interés en excusar sus momentos de ausencia o inactividad dentro de una conversación.
5) Se niegan a responder o esquivan preguntas personales sobre lugar de estancia, edad, nombre real, situación sentimental, etc.
6) Son ambiguos en sus respuesta cuando les proponemos un encuentro en la realidad, no se niegan (porque asumen que serían eliminados de la interacción entretenimiento) pero tampoco dan un sí claro (al no tener intención de hacerlo).
7) No comienzan interacciones en momentos fuera de su horario de entretenimiento. Ejemplo: no saludan desde el trabajo en un descanso, ni al viajar en el bus de camino a casa.
8) No toleran lo más mínimo una conversación que se complique, o en la que se produzca algún malentendido, conflicto o cosa que no les guste. Para lo que en realidad buscan, sufrir algún momento de complicación y esfuerzo, no les compensa.

9) Algunas son sinceras y a la pregunta de qué buscan en este lugar, simplemente confiesan que quieren entretenerse. No quieren ni buscan conocer a nadie fuera.

Recomendación: al encontrar cuatro o más de estas características en una misma persona, estaremos ante un usuario sin objetivos reales. Lo mejor y más sano que podemos hacer es, abandonar de manera educada, pero drástica la interacción con esa persona. El comportamiento normal de estos barcos a la deriva, ante esta despedida sería no insistirnos demasiado, ni echarnos de menos. En el caso de que muestre algún signo contrario, podemos dar la última oportunidad en aras de confirmar sus intenciones pasatiempo, ofreciéndole una cita en la realidad.

No confundir a los "Barcos sin rumbo" con los usuarios que SÍ quieren sacar algo de su singladura Res, pero sufren de desconfianza y miramientos excesivos, como los analizados en el capítulo anterior "Una excepción, a largo plazo". Los desconfiados son barcos que tienen un destino en su hoja de ruta, aunque su velocidad para alcanzarlo es anormalmente reducida. Mientras los "Barcos sin rumbo", no tienen la intención de conocer a nadie, simplemente pasan el tiempo en la RES.

22-Hoy sí, mañana... ya veremos

Algunos de los usuarios de las RES que se manifiestan en disposición pasiva, esto es, cuyo rol es el de recibir candidaturas (suelen ser las personas con gran fotogenia), pueden dar lugar a comportamientos contradictorios, oscuros y oscilantes. Este fenómeno es bautizado como:

"Hoy sí, mañana...ya veremos".

Situación especial en lo llamativo y misterioso, pero muy ocurrente en la RES. Una persona contacta con otra, la cual la acepta de buen agrado, incluso dando el visto bueno a sus fotos. Tiene una conversación agradable hasta el punto de intercambiar datos como email y teléfono, pero...

...pasados unos días y en un segundo o tercer encuentro de repente el usuario receptor de la solicitud vuelve a pedir examinar las mismas fotos, reevalúa a su candidato y empieza a regresar sobre sus pasos de aceptación primerizos.

Lo más sorprendente y llamativo de los casos analizados es, como esos candidatos que dan marcha atrás después de una reevaluación, son los que más entusiasmo terminaron mostrando en la primera conversación, acelerando el avance inicial (aun habiendo sido receptores). Son usuarios que no sólo aceptaron la solicitud de conversar, sino que mostraron un interés inusitado hasta el punto de ser ellos quienes proponen el intercambio de teléfonos o el encuentro en la vida real.

El protocolo de actuación es tan sencillo como caótico:

"Hoy **Sí** (con mayúsculas), pero mañana empiezo de cero contigo y ya veremos si me interesas o NO".

Las causas de estas regresiones a la duda pueden ser varias. En el capítulo "Influencia horaria" analizamos la importancia del momento en el que se da la interacción para determinar el éxito futuro de esta. Amén de lo descrito en ese capítulo, y debido al agujero negro que existe en este caso especial, podemos navegar entre varias de las siguientes explicaciones:

1) La aparición de otro estímulo novedoso más atractivo que el nuestro, ya sea en la RES o en la vida real.

2) La coincidencia de haber aparecido, en un momento puntual o fase de desesperación, soledad, necesidad de cariño, etc.; y que llevó a la persona a aceptarnos y darnos la venia demasiado pronto. Fase que ya ha finalizado, en las postreras interacciones que tenemos con dicho usuario/a.

3) Dudas e incoherencia interna del usuario sobre avanzar más o menos deprisa al conocer a alguien por internet. La lucha entre lo que le apetece, y lo que los prejuicios le impiden hacer. Le gustaría pero no confía en el sistema.

4) Falta de madurez y el desarrollo personal, que hace al sujeto dejarse llevar por lo irracional de sus apetitos emocionales, sin pensar en las consecuencias futuras de sus acciones. Esta causa, desgraciadamente es muy común en las personas que nos podemos encontrar en las RES.

5) Personas con falta de claridad en la toma de decisiones, indecisas, impulsivas e inestables emocionalmente.

6) Personas egoístas y caprichosas que sólo piensan en lo que les interesan o apetece en cada momento, sin mirar más allá de lo que se comprometen o acuerdan con los demás.

Queremos aquí hacer una parada en este libro sobre las redes de encuentros sociales, para hablar de una desviación psicológica:

La inestabilidad emocional.

Ya hemos insinuado unas líneas más arriba, como en las RES encuentran vía libre muchas personas con un grado de inestabilidad emocional y conductual casi enfermizo. Este es sin duda, uno de los lunares negros que presenta el uso de estas plataformas online para conocer personas.

Una persona inestable es aquella que se levanta por la mañana diciendo que nos desea conocer y se acuesta esa misma noche finalizando prácticamente el contacto, sin mediar otra interacción durante el día, aduciendo que tiene dudas sobre conocer gente por internet.

El "hoy sí, mañana…ya veremos" es uno de los atropellos que este tipo de personas pueden ocasionarnos en una RES.

La inestabilidad de una persona le puede llevar a conductas en las que no sabe lo que quiere, pero da una imagen externa de que sí; por lo que sin querer o de manera consciente, manipula, convence y marea a los demás.

Una persona inestable que vive en picos y bajadas constantes sin sentido alguno, vende un entusiasmo que dura lo mismo que una digestión. Toman iniciativas súbitas que los demás no toman, y las abandonan antes de que los demás se las crean.

La causa origen de ese tipo de comportamientos suele ser la mala asunción de fracasos previos. Estas personas han montado un entramado de autodefensas represoras laberíntico de tal magnitud, que ya deambulan dentro de un caos emocional sin salida.

No saben diferenciar lo que les apetece, de lo que les conviene, de lo que son capaces de hacer, de lo que les da miedo, o de lo que en realidad piensan por sí mismos.

Apenas son conscientes de las fases ciclotímicas de su estado. Si lo son, culpan al mundo, a la genética, o a la personalidad de lo que son, y obligan a los demás a tener que aceptarlo porque sí.

En este caos de inmadurez estas personas han encontrado en las RES lugares donde ir dejando víctimas a diestro y siniestro, amparadas por el anonimato social que les da un Nick y una foto confusa.

Encuentran amparo para el libertinaje de poder decir hoy algo sin pensar, y mañana contradecirlo sin explicar.

Si hay algo en la búsqueda de la felicidad, y más concretamente dentro del campo de las relaciones sentimentales, que hay que evitar es precisamente…

"Una persona inestable".

Recomendación: al confirmar los detalles descritos, que nos demuestran estar en presencia de personas con este grado de inestabilidad. Evitar y protegernos de la influencia destructiva de estas toxinas vivientes.

23-Los otros también juegan

Nuestra experiencia e investigación en las RES nos han arrojado muchas situaciones a primera vista inexplicables y misteriosas. Nuestros lectores cuando hayan completado unas pocas horas de navegación por este universo de almas, habrán coleccionado ya algunos desalientos, como los que vamos a analizar en este capítulo.

Existen muchas variables desconocidas que influyen en los comportamientos de los usuarios de una RES.

Explicaciones posibles e imposibles, multitud de situaciones o causalidades que no consideramos o que nunca imaginaríamos. Todo tan misterioso, al estar separados de la persona que está al otro lado de la línea, por ese muro de desconocimiento.

"Los otros también juegan" es una de las explicaciones menos consideradas, y a su vez de las más frecuentes.

El ser humano puede atender a muchos estímulos al mismo tiempo, pero cuando alguno de estos es saliente, es decir, es muy llamativo o causa un gran impacto, el hueco atencional para el resto de estímulos se reduce bastante.

En las relaciones personales, o en el deporte de conocer personas ocurre exactamente lo mismo. Si una persona nueva irrumpe en nuestra cabeza con ímpetu, esto nos resta exponencialmente el interés y la atención, que le estábamos prestando a otras ya residentes en nuestro pensamiento.

Si alguno de los lectores de este libro, han vivido esa experiencia misteriosa, en la cual unas primeras conversaciones en la RES que iban genial, sufren muerte súbita ("El gatillazo RES"), debería empezar a considerar la presencia de un nuevo estímulo que ha dinamitado las prioridades atencionales de su compañero/a.

Hemos de tener en consideración que un usuario de una RES es susceptible de recibir una gran cantidad de nuevas entradas (más acentuado este fenómeno en el caso de las féminas, que suelen ser receptoras de más solicitudes). Con tanta disponibilidad ofertante, cualquiera puede atravesar el umbral de atención previa y colarse en una conversación que lo cambie todo.

Estas situaciones misteriosas, de motivaciones fantasma o simplemente argumentadas por nosotros mismos, como inestabilidad en los demás, a veces no son más que la aparición de alguien más alto/a, más guapo/a, más inteligente/a, o simplemente que llame más la atención que nosotros.

Las RES son un escaparate de vidas anónimas, donde cualquiera puede acceder a cualquiera con una buena entrada o una fotogenia llamativa. Todo usuario que esté activo en la base de datos es diana de una conquista súbita, aunque ya esté avanzado en otra relación por el chat.

No debemos olvidar en este tema, la presencia de los "otros de la realidad". Tiene mucho mayor impacto en la atención de la persona, la aparición de personas nuevas o la reaparición de antiguos affaires en la vida real. Al fin y al cabo se admita o no, todo usuario da más preponderancia a lo que existe y ve de verdad en su día a día, que a lo experimentado en la red.

Considerar estas posibilidades es aconsejable para no perdernos en reflexiones frustrantes sobre los motivos por los cuales de pronto alguien dejó de atendernos. Es absurdo repasar las conversaciones una y otra vez buscando la frase, palabra, o idea que decepcionó a nuestro compañero.

Es innecesario y fatal, el caer en ruegos e insistencias infructuosas, cuyo único fin será el señalarnos como insistentes incómodos, y por extensión bloquearnos los mensajes o eliminarnos del chat.

El uso de una RES para conocer personas se puede convertir en una jungla de imprevistos, donde en cualquier momento lo bueno desaparece, o lo aburrido se vuelve interesante. Por este motivo y otros tanto descritos en este libro, seguimos recomendando sacar la persona a la realidad lo antes posible para empezar a conocer y avanzar de verdad.

Hemos de tener en cuenta, que por muy agradable o impactante que sea, una interacción en la sombra es frágil y se puede dinamitar en cualquier momento de su gestación. Sobre todo si algún nuevo competidor entra a escena, con un potente foco llamativo.

Recomendación: tener en consideración la posibilidad de un cese en la interacción por motivos ajenos a nosotros. De este modo no nos frustraremos, culparemos o decepcionaremos, a nosotros mismos cuando las desapariciones fantasmas comiencen.

24-¿En qué piensan los demás?

El vagón acomodaba cuatro habitantes. El ruido del tren quedaba oculto en la lejanía, tapado por la melodía relajante que emanaba de una orquesta de jazz.

Las cuatro almas se quedaron a oscuras durante unos segundos, cuando el transporte atravesó un túnel. El chasquido de una bofetada destacó por encima de la música.

El tren volvió a la luz y los cuatro habitantes se miraban unos a otros, sin intermediar palabra alguna, escudriñando los rostros de los demás, en la busca de una explicación a lo que había ocurrido. Sus pensamientos literales eran estos:

1—Mujer joven y atractiva: será que el chico este joven y cretino, me ha intentado meter mano, se ha confundido, ha sobado a la mujer mayor y esta le ha soltado una bofetada.

2—Mujer mayor: habrá sido que el hombre calvo, ha intentado insinuarse a la chica guapa, y ella ni corta ni perezosa le ha guanteado la cara.

3—Hombre calvo: vaya suerte tengo, seguro que el listillo guaperas este le ha metido mano a la muchacha hermosa, esta se ha creído que he sido yo y me ha propinado este sopapo.

4—Joven: Dios que divertido es viajar en tren, al próximo túnel le vuelvo a soltar una leñe al calvete este.

Jugar a las adivinanzas sobre las interpretaciones de los demás ante un acontecimiento, es un desafío cuando me-

> nos...imposible. No obstante, nos cuesta resistirnos a la curiosidad de saber qué piensan los demás de nosotros, o de un tema en cuestión. Como dice la frase popular: "La curiosidad mató al gato... ¡pero murió sabiendo!".

Para evitar dichos "homicidios", y las variadas situaciones pintorescas como la de nuestro vagón de tren, hemos encuestado en la documentación de este libro, sobre qué piensan los usuarios de una RES.

Los resultados nos arrojan, el siguiente pensamiento de las mujeres sobre sus compañeros masculinos:

—Buscan sexo, sólo sexo, de manera directa y sin tapujos.

Los hombres creen que las mujeres en una RES:

—Buscan sexo directo y muchas veces con mayor iniciativa que la achacada al género masculino. En menor medida, también se encuentran aquellas que pueden albergar la esperanza de conocer personas, hacer amigos o intentar una relación sentimental estable. (Posibilidad que curiosamente las mujeres descartan de los usuarios macho en la RES).

El dato curioso de nuestra investigación es que las mujeres y los hombres piensan lo mismo de aquellos de su mismo género. Es decir, las mujeres y los hombres estiman las mismas intenciones en las usuarias femeninas. Mientras que hombres y mujeres esperan de los hombres los mismos comportamientos. Hay coincidencia general independientemente del género al que se pertenezca, sobre lo que el género masculino por un lado y femenino por otro, buscan en una RES.

Es muy importante conocer con mayor o menor certeza cuales son los pensamientos o expectativas de nuestros contertulios en la RES. Esas creencias van a determinar en gran medida su predisposición: a conocernos en la realidad, a conversar sin más, a mantener relaciones sexuales esporádicas, etc.

En realidad para poder avanzar convenientemente y conocer el camino de eficacia con cada persona lo idóneo es intentar averiguar dichas expectativas:

¿Qué se espera al conocer a alguien en una RES?

No significa que la respuesta a esta pregunta nos garantice de manera absoluta una predicción futura sobre el comportamiento de dicha persona. De hecho, hay demasiados usuarios que no saben lo que se les viene encima, cuando usan estas plataformas. En el caso de encontrar a alguien que sí lo tenga claro, ya sea por su madurez personal o porque su experiencia en las RES le haya marcado el camino a seguir. Entonces, sí nos puede servir la respuesta a esta cuestión para poder establecer la estrategia de conocimiento y conquista de esa persona.

La acertada extracción de las creencias en la que se basan todos los comportamientos de nuestros contertulios, será la clave para poder entender e interpretar todos sus movimientos online.

Recomendación: intenta averiguar en la primera conversación las expectativas de logro que la persona tiene, sobre conocer en la realidad a personas contactadas en internet. No intuyas, ni adivines, simplemente charla y pregunta con sigilo. En el caso de que esté muy a la defensiva, o incluso despectiva hacia el entorno online, es mejor descartar a usuario/a con actitud tan negativa y recelosa.

25-Cuidado con el catfish

Presentamos una nueva estafa del siglo XXI. Consiste en un engaño en la red, en el que una persona se hace pasar por otra ya sea real o inventada, para lograr relaciones interpersonales por internet: "Catfish".

El término viene acuñado de un programa documental estadounidense que vio la luz en 2010. El hermano del director, fue víctima de un engaño hurgado como una trama de suspense. Tras vivir en primera persona la experiencia personal de su hermano, Ariel Schulman, decidió dirigir un documental. Visto el éxito de este decidió crear el programa: "Catfish: The TV Show" que la cadena MTV estrenó a finales de 2012. En dicho programa se cuentan otros casos similares, de relaciones sentimentales estafa en internet.

En las RES hay muchos usuarios que usan fotos falsas o mienten en su nombre. Hasta este punto este comportamiento es usual y no presenta nada delictivo.

El "Catfish" lo encontramos cuando esa persona falsea su imagen, su nombre y su historia, de manera que crea un personaje totalmente distinto a la realidad.

Un usuario que usa fotos ajenas pero lo advierte y cuenta lo real de su vida, no está dentro de este fraude. El engaño comienza cuando el usuario de la red empieza a pintar una situación vital que no representa existencia real. Si nos mienten a las preguntas directas sobre identidad, estado civil, ocupación y apariencia en la foto… ahí empieza el "catfish".

Por ejemplo, podemos considerar que sufrimos un "catfish", cuando la persona nos está engañando sobre detalles de su apariencia física. Un caso real investigado en la ilustración de este libro nos llevó a una chica que conoció a un hombre supuestamente de 35 años y estado físico atlético, soltero y sin compromiso. Sin embargo, cuando nuestra testigo se aventuró a un café para el primer contacto, apareció una persona de 53, obesa, casado y con hijos.

El "catfish" representa una manipulada y enfermiza variación de la realidad vital. Los estafadores de un Catfish llegan a inventarse biografías falsas completas, aprovechando personajes que han visto en algún relato de ficción. O sirviéndose de lo que siempre quisieron ser y nunca pudieron.

Las personas que urden un "catfish" son complicadas de descubrir, a no ser que los conozcamos en la realidad y profundicemos en su conocimiento. Una simple cita puede no ser suficiente para descubrir su red de mentiras. Evidentemente con el paso de las interacciones y las averiguaciones sobre sus datos reales: lugar de estancia, trabajo, amigos, parejas antiguas, etc. Es decir, al contextualizar su vida será cuando podamos sacar a la luz la estafa sufrida.

En el caso de "catfish" simples y superficiales, sí podemos destapar la trama con una simple quedada inicial, como así pudo nuestra testigo en el caso antes mencionado.

Si albergamos sospechas de estar sufriendo un engaño de este tipo es aconsejable que otros de nuestros amigos o compañeros de la RES, contacten e indaguen por su parte la historia de nuestro usuario objetivo. De esta manera si el "Catfish" es frágil, puedan constatar que la historia que a ellos les cuentan tiene variaciones respecto de la que nosotros recibimos.

En la red y usando cualquier buscador podemos encontrar páginas webs que nos detectan las fotos falsas, para ello hacemos una sencilla búsqueda: "descubrir fotos falsas".

Estas páginas funcionan de la siguiente manera: nosotros subimos la foto sospechosa y ellas escanean la red para decirnos en que otras páginas están publicada dicha foto. Esta herramienta nos sirve para detectar si las fotos son reales o bajadas de la página de internet de algún modelo, actor o persona pública.

En el caso de destapar una trama de este tipo estamos obligados por una cuestión de ética y limpieza de estas plataformas RES, a denunciarlo a la página en cuestión. Y no de manera anónima señalando una foto como inapropiada, sino poniéndonos en contacto con los programadores y contándoles nuestro caso al detalle.

La única manera de evitar que estos sujetos sigan estafando sentimentalmente a los demás es denunciándoles de manera manifiesta y detallada.

Existen también los casos de "Catfish pasivo". Esto ocurre cuando somos nosotros a quienes han robado la imagen, para usarla en otras identidades.

El uso de redes como facebook da mucha facilidad para robar fotos de personas no famosas, y emplearlas en perfiles falsos para las RES. Esta práctica por muy casual que parezca, tiene bastantes adeptos. Desde la investigación de este libro, hemos logrado ayudar y desmontar dos casos de "catfish pasivo".

Las personas que sufren esta prestación involuntaria de su imagen, pueden incluso acudir a las autoridades policiales y denunciar esta suplantación de la identidad, pues conlleva un delito tipificado en el código penal.

Recomendación: si sospechas sufrir un catfish, investiga usando otros perfiles. Emplea el tuyo para hacer las mismas preguntas unos días después o en la cita real, para comprobar la permanencia de las respuestas. Si encuentras una estafa denúncialo de manera expresa a la dirección de la plataforma.

26-Denuncia legítima

La denuncia legítima es aquella con la que mejoramos las RES. Ayudamos con ella, a que se cumplan unos mínimos de honradez en el uso de estas bases de datos.

La mayoría de las RES nos permiten la posibilidad de denunciar a un usuario, con el simple hecho de visitar su perfil, y marcar la opción correspondiente. Los motivos que las RES ofrecen para justificar las denuncias son:

La foto es falsa o de otra persona.

Contenido inapropiado de índole sexual.

Fin publicitario o comercial.

Usuario maleducado u ofensivo: esta causa de denuncia, hay RES que no la presentan por entender en muchos casos, que puede estar motivada por la frustración de quienes han sido rechazados.

Spam o mensajes no deseados: el usuario manda mensajes automáticos de manera indiscriminada.

Es menor de 18 años.

Usuario que solicita o exige regalos o dinero.

Usuario que nos acosa o insiste demasiado.

Estafador.

No queremos desde este libro dar o quitar importancia a tales motivos de denuncia. Todos son lícitos de presentar una reclamación a los gestores de la RES. Sin embargo y basándonos en nuestra política de aprovechar el tiempo en la consecución de logros positivos, no es demasiado aconsejable emplear nuestro tiempo en la búsqueda constante de conflictos y reclamaciones nimias. Recordemos que estamos en la RES para la búsqueda de relaciones útiles para nuestras necesidades vitales.

Una excepción a esta política de no reclamar, es la siguiente:

"La denuncia legítima", aunque suponga un entretenimiento temporal infructuoso en el presente, hay situaciones en las que la denuncia a la RES es útil para todos en el futuro. Estos son los casos en los que la persona con la que interaccionamos es un estafador.

Estafador tanto en el sentido emocional como en el personal. Por desgracia, en estas redes hay usuarios que engañan a los demás, estafándoles en lo referido a su identidad o aspecto físico.

—Personas que se hace pasar por el sexo opuesto.

—Usan fotos de su juventud más pletórica para rebajarse un par de décadas y una veintena de sobrepeso.

—Usuarios que sólo buscan pasar un rato hablando para allanar su solitaria existencia. Sintiéndose en el derecho de engañar a los demás prometiendo cosas, con el fin de que les entretengan. Ejemplo: usuarios que prometen enseñar sus fotos privadas a cambio de las nuestras, y luego no cumplen la promesa huyendo de la conversación sin más.

Todo aquel que para lograr su objetivo ha de engañar y manipular a otro usuario en la RES merece ser denunciado a la dirección de esta. Es una obligación de todos, limpiar estas plataformas de estafadores y personas que abusan de las buenas intenciones de los demás.

En la mayoría de las RES, sus organizadores son muy sensibles a estos abusos y engaños, de manera que prestan una gran atención a todo tipo de denuncias, hemos de tener por tanto la certeza de que nuestra queja no caerá en saco roto.

La dirección de la RES aquí suele vigilar muy de cerca a los usuarios denunciados, impidiéndoles usar fotos sospechosas, eliminándolas de su perfil y advirtiéndoles constantemente en un acoso policial muy incómodo.

Recomendación: tomarse unos segundos para denunciar (aunque sólo sea a estos lunares dentro de la RES), y así lograr entre todos los usuarios, un futuro más despejado de estafadores emocionales, que engañan y manipulan a los demás para su propio interés. Sin caer por supuesto, en emplear todo nuestro tiempo en la denuncia constante por cualquier motivo frustrado o caprichoso.

27-Los prejuicios en las Res

Nuestra singladura en la psicología y el desarrollo personal nos enfrentó a una anécdota muy curiosa. La encontramos mientras preparábamos la impartición de unas conferencias sobre coaching. Al repasar testimonios y declaraciones verídicas, encontramos la siguiente anécdota:

Estábamos en un curso de inglés, diez personas de Mallorca, éramos mallorquines de nacimiento. En una de las dinámicas del curso, uno de los ejercicios consistía en describir el carácter mallorquín.

Todos coincidimos en que los mallorquines son muy cerrados. Los diez alumnos del curso estuvimos de acuerdo en esa afirmación.

Hubo un momento en el que uno de los alumnos preguntó a otro:

— ¿Tú te consideras una persona cerrada?—

—Yo no— fue la respuesta de este.

La pregunta fue repartiéndose entre los demás componentes del grupo. Todos sin excepción, negaron considerarse personas cerradas.

Sin embargo, al principio de la dinámica la conclusión unitaria era, que los mallorquines eran poco sociales.

Curiosamente cada uno de ellos se veía como la excepción de esa regla.

El mismo alumno que lanzó la pregunta, terminó la reflexión:

"De modo que todos pensamos que el carácter mallorquín es muy huraño, pero ninguno de nosotros, ninguno de los diez mallorquines que estamos aquí, nos atribuimos esa cualidad".

El uso de las RES arroja la misma paradoja. A nivel global, todo el mundo considera que las usan personas con problemas, con complejos por su físico, ansiosas por encontrar pareja, etc. Eso sí, cada uno de nosotros somos una excepción a esa regla.

He aquí otra historia verídica encontrada en nuestra investigación para este libro sobre las RES.

Un chico está navegando por la plataforma de una determinada RES, cuando le asalta de pronto un mensaje de una chica. Esta le acusa de usar fotos "timo", él lo admite sin problema y le invita a que vea las reales. La chica, que curiosamente también tenía fotos falsas, tras hacerse consciente de la necesidad de un intercambio justo, muestra una imagen verdadera. A los pocos minutos de interacción la chica aduce problemas de horario porque trabaja demasiado y dice no tener tiempo para seguir charlando por una plataforma de internet, por esto, le solicita al hombre su número de teléfono. Este aún sorprendido por la rapidez, se lo da, tras confirmar la insistencia de la chica.

La misma usuaria contacta por su iniciativa de nuevo, con el chico testimonio de este libro, y le propone ir al cine. El plan no se puede llevar a cabo porque el chico no estaba disponible para esa tarde.

Los siguientes días intercambian mensajes en el dispositivo móvil e incluso un par de llamadas que pasaron la hora de duración.

Una mañana la chica de nuevo insiste en que deben conocerse, esta vez propone que sea frente a una cena. El chico accede y al llegar a la noche cuando vuelve a contactar con ella, esta le comenta por teléfono que tiene dudas porque en estos sitios se encuentran personas desesperadas.

Evidentemente la chica negó serlo ella, pero si analizamos su modus operandis, es a ella a quien podemos colgar el cartel de insistente, acelerada y ansiosa, en todo el proceso.

Esta usuaria confesó que prefería retirarse de la cita propuesta por ella misma diez horas antes, porque no quería que alguna persona posible en común, ya sea en el presente o en un futuro, se enterase de que ella usaba la RES para conocer gente.

Este caso, no es el único tipo de prejuicios que nos encontramos en las RES. De hecho, el prejuicio general es considerar que una RES es como un cajón de sastre, o más bien de desastre, donde van a parar todos aquellos que en la vida diaria no son capaces de seducir o encontrar pareja.

Bueno, pero cada uno de nosotros no pensamos así de nosotros mismos claro, es la norma general...

..."Nosotros somos la excepción".

Todos los prejuicios referidos a los usuarios de la RES, que hemos encontrado en la investigación para esta guía vienen reflejados en la siguiente lista:

—Verse como incapaces de encontrar pareja en la realidad—.

—Carecer de habilidades o comportamiento social—.

—Ser físicamente poco apetecibles—.

—Ser raros o incomprendidos por su entorno—.

—Estar desesperados/as—.

—Muchos mentirosos/as y personas con doble vida—.

—Personas que únicamente quieren sexo, sin interesarles nada más—.

—Muy bajo nivel cultural, reflejado en las constantes faltas al escribir—.

—Personas casadas que buscan ser infieles—.

Cuando recorremos el camino que hay entre el prejuicio y la investigación, para terminar en el posterior juicio analítico y científico. Es cuando se descubre que las RES tienen muchos defectos y detalles de interacción a pulir y mejorar. En este libro tratamos algunos de ellos. Pero NO es precisamente una de las conclusiones acertadas, el pensar que en las RES se reúnan la escoria social de la seducción, o los fracasados en el arte amatorio.

En las RES hay personas de la calle, como nuestro panadero, nuestra vecina, un familiar al que queremos, o una amiga que se siente sola. Otra cuestión es, como ya hemos disertado en esta guía, que dichas personas puedan en algunos casos NO mostrar sus mejores conductas sociales, amparadas en el anonimato que les da internet.

Las Res son una vía más de conocer personas, que puede usar cualquier hijo de vecino, llegado a un punto en el que todo lo que le rodea no presenta estímulos novedosos. Muchos usuarios recurren a las RES porque sus trabajos, obligaciones, cuidado de hijos o familiares, sus situaciones sociales, etc. No les ofrecen oportunidades para conocer personas.

El problema de estos prejuicios externos, es que obligan a los propios usuarios de las RES a ocultarse entre su entorno. Dicha huida social se manifiesta en detalles como:

—Ocultar su rostro real hasta que les da confianza la persona con la que conversan.

—Negarse a quedar, como hizo la chica de nuestra historia verídica, por miedo a que alguien en un futuro, se enterase de que emplea la RES.

Existen otro tipo de prejuicios a nivel interno, que tienen los propios usuarios sobre otros compañeros de la Res. Nos referimos a los prejuicios de género.

Una res se convierte en un estrado, donde los acusados se someten a juicio, sin mediar interacción delictiva previa. Antes del comienzo, deben primero defenderse de una serie de acusaciones históricas a nivel sociológico:

—La mujer, ha de quitarse la sospecha de que es una persona de ligera moral. Para evitar todos los castigos en imagen social que una estructura machista ha estado infringiendo desde siempre (aunque por suerte, cada vez menos).

—El hombre, ha de zafarse de la sospecha de que en exclusiva le interesa el sexo furtivo. De la acusación de ser un ente maquinal que va buscando la eyaculación placentera, y al cual nada más satisface. El hombre reducido únicamente al instinto sexual, aséptico de emociones, carente de ilusiones, o falto de sentimientos o principios de lealtad con su pareja.

Ambas acusaciones tradicionales de la sociología de nuestra vida cotidiana, en las RES se usan especialmente. Ya sea por los prejuicios sexuales de estas plataformas o por el desconocimiento de las personas con quienes interactuamos. Sea cual fuera la causa, la consecuencia es que nos obliga a cometer el error de tirar de los prejuicios para completar nuestra falta de información.

Cuando hayamos pasado un tiempo considerable en este tipo de redes, empezaremos a notar como muchas de las conductas, en forma de preguntas durante las conversaciones, o aclaraciones en los perfiles, van encaminadas a salvarse de estas dos acusaciones fundamentales.

Encontraremos muchos sujetos masculinos que inician las conversaciones con una exhibición de inocencia. Usuarios que nos escriben mientras en una mano sostienen la bandera de la amistad, aduciendo la búsqueda del conocimiento íntimo de la persona, y el disfrute con los valores éticos de esta.

En el otro extremo del género, las chicas suelen anticipar en sus perfiles que no buscan sexo. También encontraremos como incluso en los inicios de la conversación, ya lanzan indirectas o repuestas que dejan claro su nulo interés por el encuentro físico rápido.

¿Responde esto en ambos casos a los reales intereses de las personas que usan una RES?

¿Es verdad que ni las féminas ni los hombres quieren sexo sin más, o un sexo rápido y fácil...?

Sea cual sea la respuesta a esta última pregunta, hemos de tener en cuenta que estas defensas vendidas a los prejuicios generales sociales de hombre y mujer, no tienen por qué reflejar la auténtica intención de los usuarios.

En el caso de los hombres hemos analizado muchos ejemplos de conversaciones que empiezan con un poema de buenas intenciones y terminan con unas proposiciones subidas de tono, cual guion barato de película pornográfica. Sin mediar para tal climax, más de unos minutos y unas líneas de provocación sutil por parte de la chica.

El modus operandis masculino para salvarse de la acusación pre juiciosa es imitar los valores románticos típicos de una comedia rosa, por ejemplo hablar de: intuiciones sobre la compatibilidad, corazonadas de llevarse bien y ser felices juntos... ¿y todo esto a partir de una bonita foto?

Al mismo tiempo, en investigaciones con chicas también hemos comprobado, el hecho de que si se ve atraída por las fotos de su interlocutor, puede avanzar hacia la cama tan rápido o más, que el hombre que está al otro lado del portátil.

Sea como fuere, cuando los primeros contactos se superan y las personas más o menos van sacando sus ideas propias a la luz. Cuando se van quitando el vestido aceptado socialmente, y van dejando ver lo que hay detrás de esos miedos al qué dirán…

…Será cuando podamos detectar si sus intenciones eran salvaguardar la imagen social. O simplemente es que piensan y sienten así. Será entonces, cuando podamos concretar si los intereses de esa persona coinciden con nuestros objetivos dentro de la RES.

Recomendación: al entrar en una RES y empezar a indagar en los otros usuarios hemos de tener en cuenta estas defensas automáticas de las acusaciones tradicionales, y no darles más importancia que el mero hecho de querer mostrarse como socialmente aceptados. Una vez salvado ese escollo, podremos conocer sus intenciones reales.

Concluimos este capítulo diciendo a nivel general sobre el prejuzgar:

"Los prejuicios son las herramientas perezosas de una mente que no sabe investigar a las demás".

Esperemos que este libro y todo lo que se muestra sobre estos lugares online, nos dé la oportunidad de salir del armario RES, en el que la sociedad intenta encerrarnos.

28-Infidelidad Res

La infidelidad es uno de los caballos de batalla de las relaciones de pareja. Junto al cese del sentimiento romántico por la erosión de la rutina, es de los motivos que más encontramos para la ruptura de una relación.

La infidelidad sentimental o de pareja tiene varias acepciones:

—"Infidelidad cognitiva", o infidelidad de pensamiento: alguien nos atrae, nos gusta, pensamos constantemente en esa tercera persona; y nuestro deseo sería poder disfrutar de esa persona, aunque no lleguemos a plasmar el movimiento para conseguir dicha conexión. Este subtipo es el más sufrido por la mayoría de las personas en algún momento de su relación, aunque lo oculten a su pareja, o se lo oculten a ellos mismos.

—"Infidelidad intencional", es aquella en la que se dan todos los fenómenos de atracción descritos en la clase anterior. Y además se intenta la satisfacción de dichos deseos. Se busca a la otra persona, independientemente de que no se consiga el objetivo. Es cuando se quiere ser infiel, pero no se logra.

—"Infidelidad permitida" muchas parejas de visión sobre la sexualidad avanzada, se permiten de manera consciente y voluntaria, escarceos y disfrutes sexuales con terceras personas. Esta infidelidad varios autores no la consideran infidelidad, al no existir engaño, ni omisión de la información.

—"Infidelidad" en su acepción tradicional: es engañar a una pareja con la que tenemos establecido un compromiso formalizado o sobreentendido. De forma que sirviéndose de la omisión de información y/o el engaño, se tengan relaciones con una tercera persona.

No vamos a hablar de la infidelidad en este sentido cuando nos refiramos al funcionamiento de las RES. No debería darse lugar en una RES, a llegar a estas situaciones. Ya hemos aconsejado en varias ocasiones que las RES no son para desarrollar la relación. Su función, es la de iniciar un contacto para conocerse después en la realidad.

No obstante en las RES existe otro tipo simulado de infidelidad que encontraremos cuando estemos conversando con nuestros contactos. Es una nueva categoría que en este capítulo queremos presentar: "Infidelidad Res".

A pesar de que los lazos de compromiso NO se hayan entrelazado aún en la situación de chatear con una persona, por mucho que esta costumbre se repita en días sucesivos, hemos encontrado en las RES una especie de celos o incomodidad de muchos usuarios a compartir el rato de charla con otros pretendientes.

Un ejemplo de esto es cuando preguntan directamente si hay otras conversaciones en curso, e incluso proponen dejar de chatear de ser así.

Sienta mal, desde las charlas de estreno, el hecho de que se converse de manera simultánea con otras personas.

Fenómeno muy llamativo este, sin tener establecido un interés mínimo por esa persona o conversación, estamos pre programados a desear ser los únicos atendidos por nuestro destinatario. E incluso, tengamos malas sensaciones cuando esperamos una respuesta, y pensamos que el motivo de esa tardanza son otras conversaciones en la RES.

El ser conscientes de esta sensación de disconformidad en los otros, provoca que los usuarios de la RES mientan, u omitan la información, de que están llevando al unísono dos o tres interacciones seductoras.

La sensación de sentirse en espera y no atendido/a, que nos hace buscar otros estímulos conversacionales, más la presión a engañar u omitir ese detalle a nuestro interlocutor cuando nos lo pregunta, nos acaba llevando inevitablemente a un fenómeno de infidelidad. Aplicado a la red y en una pequeña dimensión, pero al fin y al cabo un engaño del estilo: "estoy interesándome en otra persona a parte de en ti, pero te lo niego u oculto".

La mayor parte de los usuarios RES practican esta poligamia seductora, por lo que está aceptado como perdonable. Son un reducido número de personas las que presionan o exigen hablar con ellas en exclusividad.

Al ser víctimas de la presión que algún usuario nos infrinja para atenderle a él y a nadie más, hemos de reaccionar de manera asertiva. Para esto, debemos expresar nuestro derecho a iniciar contactos con al menos un par de personas más. Siempre y cuando, eso no afecte al tiempo de respuesta ni a la calidad de la atención que le damos a la persona reclamante en cuestión.

Podemos aclarar que le dedicaremos la atención según vaya evolucionando la interacción. Así mismo podemos señalar que no existen ningún compromiso, y menos sin haberse comprobado el interés por verse fuera del chat (cosa que nos sirve para ir introduciendo la propuesta de conocerse de verdad cara a cara). Conseguiremos de esta manera, devolverle la presión a nuestro interlocutor (si tanto interés y exclusividad desea, lo puede refrendar con el esfuerzo de salir a la luz real). Un ejemplo de esto podría ser el siguiente:

—¿Estás hablando con más gente?, Si estás ocupado con otras conversaciones podemos charlar mejor en otro momento—

—No te preocupes puedo prestarte la atención necesaria, al mismo tiempo que mantengo otra charla. Aquí en el chat, entre mensajes y respuestas hay tiempo para todos. Si quieres atención exclusiva hacia ti en una charla, podemos quedar para tomar un café sin ordenadores ni teléfonos de por medio...y así nos conocemos y atendemos el uno al otro al cien por cien—.

La mentira no es el camino más idóneo para sustentar las relaciones. No debemos por tanto recurrir a ella.

Al mismo tiempo tenemos que defender el derecho a hacer lo que consideremos oportuno mientras esto no suponga afrenta hacia los demás. Dejarse avasallar y manejar por alguien en los albores de una relación, es mal síntoma par el desarrollar futuro de una interacción igualitaria y equilibrada.

Recomendación: expresa de manera asertiva tu derecho a mantener varias interacciones a la vez siempre y cuando esto no suponga un descenso en tus tiempos de respuesta ni en la calidad de esta. En el caso de que esto no lo puedas garantizar, será mejor que priorices una conversación.

29-Tolerancia cero

El ser humano ha de ser el primer y principal valedor de su integridad y autoestima. Cada sujeto debe marcar unas líneas férreas de defensa que delimiten como NO quiere que le traten, que dejen bien claro la tierra prohibida del desagravio personal.

Esta ley fundamental de protección de uno mismo, es de obligado cumplimiento tanto en la realidad como en las RES. Siempre y cuando, la persona quiera disfrutar de una salud psicológica equilibrada y una autoestima óptima.

Las RES por su configuración de anonimato, pueden dar lugar a que sus usuarios desahoguen sus frustraciones escupiéndolas contra todo aquel que NO facilite sus intenciones. En el momento y mismo instante, de encontrarnos este tipo de comportamientos antisociales, debemos colocar una barrera infranqueable entre nuestra autoestima y la persona agresora.

Bloquearlo para no recibir más mensajes, ignorarlo a secas, o denunciarlo a la dirección de la RES, etc. Usemos el camino que usemos, el destino ha de ser único: "eliminar a esa persona de nuestra vida".

Las personas que son capaces de mostrar estas conductas de ataque y desprecio con los demás, sin apenas haber establecido lazos de confianza... son sospechosas de actitudes y conductas mucho peores cuando establezcan dicha confianza en una futura relación.

Por desgracia, en esta sociedad del estrés encontramos muchos maltratadores/as y abusadores/as a nivel psicológico. Es por lo tanto de suma importancia, estar preparados y alerta para actuar de inmediato cuando uno de ellos se cruce en nuestra vida.

Las conductas de abuso psicológico no surgen de la nada. Nacen con sibilinas respuestas o conductas de manipulación y desprecio, que hacen una auténtica infeliz a la persona que las recibe. Tal manipulación se puede sufrir en una amistad, en la familia, en el trabajo, o dentro de relación sentimental.

Esta recomendación sirve por su puesto, para las interacciones al margen de las RES. El hecho de que en estas plataformas la falta consideración se vea coartada por el anonimato, no significa que en la interacción con personas de nuestra vida cotidiana, no podamos sufrir los mismos abusos.

Somos nosotros quienes primero nos tenemos que hacer respetar ante los demás:

"Soy una persona a valorar, si no sabes hacerlo…
no tienes sitio a mi lado".

Este slogan ha de ser visible en nuestra actitud. Toda aquella persona que llegue nueva a nuestra vida lo tiene que leer a las primeras de cambio. En el caso de que comprobemos que no lo respetan, hemos de coger las riendas y tomar las decisiones oportunas para garantizar nuestro derecho a ser tratados como personas.

Recomendación: al principio de mostrarnos esas conductas y desconsideraciones hacia nuestro valor como persona, hemos de interrumpir ipso facto la interacción con el/la usuario/a en cuestión. Sin dejar pasar un mensaje más, ni ofrecer segundas o terceras oportunidades. ¡Cuidado! los manipuladores psicológicos son expertos en ganarse el derecho a segundas oportunidades, que no merecen.

30-Comercio en la Res

Las Res dan cobijo a todo tipo de usuarios. Geniales, buenos, no tan buenos, mucho menos que buenos, regulares, malos, normales y adaptados, peculiares y extravagantes, etc. Esta información para el lector hasta cierto punto es previsible, y apenas trascendente.

La siguiente clasificación muestra los diferentes negativos que nos podemos encontrar dentro de la normal multitud:

1—Personas que buscan sexo con desconsideraciones y desplantes bruscos ya en la formulación de la propia propuesta. Ejemplos sacados de testimonios verídicos:

"Hola buenas, ¿qué tal guapa?
¿Me enseñas una foto de tus pechos?"

2— Usuarios que juegan a la broma del engaño haciéndose travestis virtuales, esto es, hacerse pasar por el género opuesto para divertirse a costa de los demás.

3— Estafadores cibernéticos, como aquellos que usan la RES para sus servicios profesionales, etc. Son estos últimos a los que va dirigido este capítulo denuncia.

En una época de crisis económica mundial como la que sufrimos, el hecho de que alguien se sirva de una página para conocer gente, para divulgar sus servicios profesionales, hasta cierto punto podría considerarse una herramienta de marketing que se intenta adaptar a los tiempos modernos.

La cuestión da un giro de tuerca macabro, cuando nos encontramos una manipulación sentimental como en el siguiente caso real, manifestado directamente por uno de nuestros testigos RES:

Una comercial de productos financieros contactó con nuestro testigo. La primera conversación fue breve y al grano, la persona vendedora se dedicó a mostrar un gran interés por el usuario víctima. Sin apenas mediar un par de líneas de información en el chat, propuso el intercambio de los números de teléfono.

En los días y semanas sucesivas dicha persona no dio señales de contacto con el usuario atrapado. Hasta tal punto era la desconexión que nuestro testigo manifestaba la idea de que dicha iniciativa de interés habría caducado, debido al conocimiento de algún otro usuario más atractivo.

A las dos semanas nuestro testigo recibió en su dispositivo de telefonía móvil, un mensaje por el cual le emplazaba a una primera cita o toma de contacto. La ocupada agenda de nuestro colaborador testimonial le impidió aceptar dicha oferta. Siendo esta, post puesta a la semana siguiente. En dicha semana nuestro testigo había decidido proponer un encuentro, cuando sin tiempo para realizarlo, la interlocutora interesada de nuevo dio el primer paso. Una nueva proposición directa de encuentro en la realidad.

Este segundo intento si dio sus frutos, la negociación de la cita se produjo en una llamada telefónica realizada por la misteriosa insistente. En ella, propuso para romper el hielo en la cita real de esa noche, realizar un intercambio de conversaciones sobre los trabajos respectivos. Un tema prefijado del que hablar:

"Nos contamos lo que hacemos a nivel laboral".

La idea sumergida era: "nos enseñamos lo que vendemos" (o mejor dicho tú me cuentas a que te dedicas y yo te presento mi producto).

La primera cita salió genial, y la usuaria estafadora no encontró momento para introducir su producto, debido a que al final de dicha cita el alcohol había hecho mella en su capacidad para venderlo. Amparados por la satisfacción del encuentro deciden de mutuo acuerdo que la presentación del producto se realice en una cita durante los días venideros.

Al siguiente día, nuestro usuario testigo recibe una nueva proposición, esta vez más directa a recibir la información técnica del producto financiero en cuestión. Eso sí adornada con el consiguiente coqueteo romántico personal: "Tengo ganas de verte"," ¿Por qué no quedamos a tomar algo y de paso te cuento...?", etc.

Por segundo día consecutivo se encuentran al otro lado de unos aperitivos nocturnos. Esta segunda cita casi en su totalidad, está ocupada por la presentación del producto comercial. La explicación de precios, modo de contratación, clausulas, servicio post venta, etc.

Al final de la segunda cita, la usuaria vendedora enmascarada, continua el coqueteo seductor comercial y falso, para disimular el negocio que intentaba sacar de ese encuentro (negocio que no tuvo tiempo trabajarse en la primera cita).

Al día siguiente (tercer día de conocerse) y en la primera hora de la mañana, la vendedora realiza una llamada a su conquistado/a, y le insiste en la idoneidad de cerrar ya la compra del servicio financiero, alegando que en pocos días caducará la oferta en cuestión. Típico ardid comercial por el cual se presiona indirectamente al cliente a la adquisición del servicio ofertado, aduciendo que la oportunidad de aprovecharlo está a punto de expirar.

Nuestro testigo y colaborador, no acepta realizar dicha compra, aduciendo que más adelante sí podría estar interesado en contratar dicho producto.

A partir de esta negativa...

...Toda la interacción cambió.

La estafadora sentimental, empieza a recular y a desdecirse en las propuestas de citas y planes, que juntos que habían sido pre acordados durante la primera cita, antes de la demostración comercial.

La disponibilidad casi total a conocerse como personas y a intentar...

...probar esa aventura, de repente cambia. Muta a una situación en la que la comercial comienza a mostrar una situación personal confusa.

Empieza a manifestar de manera sibilina un malestar personal interior producto de dudas misteriosas sobre sus sentimientos por anteriores parejas. Deja entrever su lado oscuro, melancólico y triste. Muy bien ocultado y maqueado en la primera cita seductora, donde rebosaba optimismo, alegría y ganas de conocer a alguien y disfrutar del amor.

La indisponibilidad en la agenda para hacer planes ese mismo fin de semana. Planes que habían sido previstos en las citas antes del NO comercial. Empezó a llamar la sospecha de nuestro testigo. Era curioso como el mismo fin de semana, que durante la seducción preventa, parecía una extensa llanura donde andar todos los planes que les apeteciesen, ahora estaba lleno de inconvenientes y planes surgidos de repente en la agenda de la comercial, la cual ya no podía citarse en ningún horario.

Esta puerta atrás que se abrió, y usó para salir huyendo la enmascarado vendedora de productos comerciales, decepcionó a nuestro testigo. Terminó de confirmarle las sospechas sobre lo que estaba sufriendo:

"Un engaño, la manipulación de un vendedor desesperado y sin escrúpulos".

Un estafador de emociones cibernéticas, que había sido capaz de llegar al punto de simular una conquista y el conocer a alguien, con el simple objetivo de tener el tiempo y la atención de presentarle su producto comercial. Intentó que la seducción y el coqueteo vendiesen su producto financiero.

Nuestro testigo, decidió no insistir en la proposición de los planes ya hablados para ese fin de semana, dejó pasar unos días y el tiempo le confirmó las sospechas…

…Nunca supo más del supuesto vendedor/a.

El interés había desaparecido por completo.

Emplear las RES para fingir el interés por conocer a una persona con fines comerciales. Generarle las consiguientes expectativas e ilusiones, para encontrar un hueco de su atención y presentarle un producto: Es una de las manipulaciones más sibilinas y traicioneras que se pueden llegar a efectuar en una Red de encuentros sociales.

Entendemos desde este libro que es un caso aislado y concreto, pero por su señalada presencia y especial manipulación, queremos y pedimos a todos nuestros lectores que sean conscientes de que en una RES hay personas de todo tipo. Para lo bueno y para lo malo, y en este caso real en concreto, para lo muy nocivo, tóxico y manipulador.

El estudio de múltiples testimonios ha arrojado otros casos, donde la estafa es mucho más flagrante:

— Personas, sobre todo de género femenino, que piden se les recargue el teléfono móvil, a cambio de intercambiar sexo.

— Pedir dinero prestado a la persona que coquetean, y luego desaparecer antes de llegar a conocerse o plasmar en la realidad actividad alguna.

— Algunos testimonios nos hablan de que se les han ofrecido drogas, etc.

Este tipo de estafas son mucho más fáciles y rápidas de detectar por nuestros lectores, pero no por simples, hemos de dejar de estar alerta y prestarles atención.

Recomendación: todo usuario RES, que se encuentre con un caso similar, debe denunciarlo con el máximo esmero y exposición de los detalles, a los organizadores de la plataforma internauta. De manera, que estos se encarguen de extirpar a estos comerciantes del engaño, que se sirven de las ilusiones y emociones ajenas para sacar beneficio monetario.

31-Mentiras habituales

Este capítulo expone a modo de resumen, las mentiras más frecuentes que nos podemos encontrar en la interacción online.

Clasificadas por género, y en orden de mayor a menor por frecuencia de aparición. Las primeras serán las más repetidas en nuestro estudio, y las últimas las más esporádicas:

—Mentiras masculinas:

1. No están casados ni tienen pareja, cuando sí es así.

2. Conocer a alguien buscando algo diferente al sexo. No soy, como los demás hombres en la RES.

3. Prometen que no serán insistentes para lograr el sexo objetivo.

4. La primera cita sólo para charlar y conocerse, no intentarán sexo.

5. Los hombres suelen ser más bajitos de lo que dicen en sus perfiles.

6. Travestis y transexuales que ocultan esta condición.

7. Ser en realidad un hombre que se hace pasar por chica, para entretenerse online.

—Mentiras femeninas:

1. Buscan conocer a alguien siendo lo fundamental el interior de la persona, la atracción física no importa.

2. Nunca antes han practicado sexo esporádico y sin compromiso con otros usuarios de la RES.

3. No buscan sexo sin más.

4. El nombre de pila con el que dan a conocer en la Red. El más frecuente usado para mentir es María.

5. Dicen no estar casadas ni tener pareja, cuando sí lo están o cuando sí la tienen.

5. Las mujeres suelen mentir en el peso. Teniendo más que el indicado, o del que se extrae de la foto de perfil.

6. El lugar de su domicilio. La ciudad donde viven.

7. No querrán sexo en la primera cita, ellas no son de las que hacen eso. Es una forma de verse fuera de la RES.

8. Decir que las fotos son suyas al principio, aunque luego admitan que no, u omitir con sutileza la respuesta a esa pregunta.

Recomendación: las mentiras, no usarlas. Y menos, permitirlas.

32-Anecdotario

Este capítulo recoge algunas de las anécdotas y experiencias curiosas que hemos ido recabando en la investigación para documentar esta guía.

Sin duda, nos ofrecen la cara más pintoresca y especial de la faceta humana, cuando esta se desentiende de ser normal, y se sienta a la conexión de una RES:

1) *¿Orgías? No gracias.*

   Un chico nos narró como justo al empezar la conversación y sin mediar apenas varias líneas, una mujer le propuso realizar una orgía con dos amigas suyas. Él, nos confesó rechazar tal propuesta explicando que no le gustaba realizar actividades sexuales con desconocidas.

2) *Ni me hables ni me toques.*

   La chica le propuso como prueba, para comprobar que era el hombre de sus fotos, que se viesen en una plaza céntrica de su ciudad. El no podía ni acercarse ni hablarle. Sólo debían intercambiar una sonrisa cómplice. El hombre nos narró como la aventura de confirmación, apenas duró treinta segundos. Después siguieron un tiempo hablando, pero continúan sin conocerse a la fecha de publicación de este libro.

3) *Amistad ante todo.*

   Recibe una invitación para conocer de una vez, a la chica con la que mantenía las charlas online. Cuando él se presenta en dicha reunión, apareció una amiga de la persona con la que había iniciado los contactos en la RES. Era esa amiga la interesada, y a quien la protagonista online le estaba preparando el terreno.

   Nuestro testigo accedió gentilmente a tomarse algo con la chica, pero después nunca más hubo interacción alguna.

4) *Si mientes…plantón.*

   Nuestro testigo nos narró como al ir a una cita, antes de presentarse a la chica, confirmó que ella no era la de las fotos. La reunión se acordó en una terraza donde sólo había una mujer. El vio de lejos que no era la de la RES y realizó una llamada telefónica trampa. Al comprobar que esa señora desconocida era quien que respondía al teléfono, decidió alejarse y eliminar desde ese momento toda interacción con la mujer.

   La mentirosa nunca recibió explicación alguna de esas calabazas.

5) *Un trío matrimonial.*

   A penas sin mediar conocimiento ni entrevista digital alguna, una señorita le propone un trío a un chico, con su esposo como tercer miembro. Este rechazó la oferta por no atreverse a la reacción del cónyuge.

6) *Sin haberlo planeado.*

   Dos personas que mantenían desde hace tiempo contactos en la RES. Por pura coincidencia, descubren que los planes con los amigos de esa noche les han llevado al mismo local, mientras chateaban mediante el teléfono móvil. Se citan de improviso en los baños, tras unos juegos previos pasaron a la casa de la chica a terminar la actividad sexual.

7) *Entre buenas hermanas.*

Un usuario nos contó como recibió la propuesta de una usuaria de la Res, para tener actividades sexuales con ella y su hermana. Eso sí, había de consumar ambos actos por separado (no era un trío). El hombre accedió a la primera y rehusó la segunda aduciendo sospechas de que le parecía demasiado extraño.

Parecida versión de la anécdota la recibimos sobre un chico que recibió oferta para trío con dos hermanas, este usuario sí aprovechó la oportunidad.

8) *¿Te quieres ganar un dinerito extra?*

Esta frase de presentación es la que se emplea en una famosa RES, para convencer a chicas sobre la idea de protagonizar un casting porno por la módica cantidad de 500 euros. Similar anécdota hemos encontrado, pero con la variante de pagar por realizar el acto sexual a la antigua profesión, y sin cámaras de por medio.

9) *Una imagen vale más que mil palabras.*

Una de nuestras testigos nos contó el saludo más esperpéntico que había recibido en toda su experiencia en la RES:

"Buenas, ¿me mandas una foto de tus pechos?"

10) *Lo que tengo entre manos.*

Un joven, inicia la conversación con una usuaria de la RES, indicándole que tiene una gran erección, a lo que acompañó con la siguiente pregunta:

"¿Quieres aprovecharla?

11) *Regalo sorpresa.*

Tras intercambiar un aperitivo nocturno con la chica, nuestro testigo se dirige a la casa de esta. Al llegar y empezar el juego erótico, se quita su ropa y comienza a realizar la misma operación con ella. Nos describía como lo hizo desde la cabeza hacia abajo mientras admiraba la bella figura femenina, cuando al llegar a la zona cero, se encontró...la sorpresa.

Finalizó la relación sexual con el travesti, negándose a recibir penetración alguna. Hasta la fecha sigue recibiendo propuestas para igualar el acto, aunque con dudas... se sigue resistiendo.

12) *No, soy de otro planeta.*

Un transexual acude a una cita nocturna con un hombre al que había seducido en la RES. Cuando dicho usuario le preguntó de manera indirecta si era una mujer de verdad, ante los evidentes signos físicos, su respuesta fue:

"No, soy de otro planeta", ofendido/a se marchó, mientras nuestro testigo no daba crédito a dicho enfado, ya que había sido él, la víctima del engaño.

13) *Intercambio de desnudos.*

Uno de nuestros testigos nos corroboró como había sido presa de un intento de estafa. Una supuesta mujer le estaba mandando hacía ya un tiempo, fotos desnuda al teléfono, solicitándole que él hiciese lo mismo. Se negó, y al final descubrió que era un hombre quien estaba detrás de esas interacciones voyeurs.

14) *Fetichismo.*

Esta curiosa anécdota se ha repetido en nuestras investigaciones, ya que han sido varias y en la misma ciudad, las chicas que nos han comentado la misma historia. Un usuario fetichista pagaba dinero porque las usuarias le dejasen lamer los pies, subiendo el presupuesto incluso, si estos estaban sucios y sudorosos.

15) *Veo que te has hecho otro perfil…*

El usuario de la RES descubrió la foto de una de sus contactos, a nombre de otro perfil. Cuando se lo notificó a ella, cual fue la sorpresa de ambos que acababan de descubrir una falsificación de perfil. La chica se vio muy ofendida y enseguida denunció a la página web. No sin antes, urdir un par de trampas con otros dos usuarios masculinos para lograr saber quién había robado su foto. Antes de que se pudiera averiguar nada, el perfil falso desapareció de la RES y nunca se supo quien tomó prestada la foto de su facebook.

16) *Seducción a ciegas.*

Abundan los casos de usuarios que empleando fotos falsas, han recibido proposiciones sexuales oscuras, de personas a las que ellos sí conocen, y que además son pareja de amigas, conocidos, familiares o compañeros de trabajo. Incluso hemos encontrado testimonios de personas que han recibido propuestas de clientes suyos, los cuales por supuesto no conocían la identidad de la persona a la que seducían.

17) *Hace tiempo que no me retrato.*

Un señor que había presentado unas fotos de treintañero delgado, guapo y con melena. A la hora de la cita su apariencia "apareció" 15 años tarde, rozaba los cincuenta, vestía unos bastantes kilos de más, y su cabeza carecía de cabello alguno. Por supuesto en tanto tiempo de desfase, había dado para cambiar su vida, estar casado, tener hijos, etc.

18) Rodando porno.

Le extrañó al testigo de nuestra anécdota, que la chica accediese tan rápido en el primer café, a salir hacia su casa y practicar unas posturas eróticas. Al tiempo vio publicada en el facebook de un amigo común con esa usuaria, una grabación de vídeo donde aparecía nuestro protagonista en plena faena erótica. Tras amenazar de denuncias logró que dicha grabación desapareciese de su red. Eso sí, recibiendo las pertinentes disculpas.

19) Amigos enemigos.

La siguiente anécdota no es más que una broma macabro—sentimental, en la que un chico nos contó como un amigo suyo se había creado un perfil falso en la RES, para conquistarle y luego mofarse de él. Nuestro testigo nos confesó, como había tomado buena venganza con ese mismo amigo, empleando justo la misma trama.

20) Intercambio de gemelos:

Un usuario masculino nos narró en primera persona una anécdota, que más parece perteneciente a una comedia estridente de adolescentes. Pero que al fin y al cabo salió de la RES. Nuestro testigo se citó con una chica para realizar actividades placenteras, en un chalet propiedad de este. Aprovechando el fragor del acto y la oscuridad de la habitación, se ausentó un instante para ir al baño. Fuera esperaba su hermano gemelo, el cual estaba oculto en la casa a la llegada de los amantes, se intercambiaron la ropa interior y fue este segundo gemelo, quien entró a finalizar el acto.

La chica en ningún momento notó diferencia alguna, pues al terminar el segundo gemelo volvió a salir de la habitación para intercambiarse de nuevo el slip, siendo el primer gemelo el que entró al tiempo de resaca y conversación postrera al orgasmo.

21) *Me quedé sin agua:*

Esta anécdota nos ilustra como la pillería, es buena parte de una conquista erótica. Una usuaria de la Res nos relató como un desconocido con el que estaba charlando hace un tiempo, un día le pidió el favor de dejarle ir a su casa a darse una ducha. Le habían cortado el suministro de agua, debido a la reparación de una avería. Nuestra testigo aceptó como buena samaritana, a pesar de no haber tenido contacto alguno, con dicho contertulio online. El plan era que ella al sonar el timbre, dejaría su puerta abierta y desaparecería (tras haberle indicado donde estaba el baño por el megáfono). Dicho protocolo quedo en eso, un plan. Una vez en la ducha y entre comentarios burlescos "de si quieres entrar a enjabonarme" y similares, la actividad de higiene corporal terminó convirtiéndose en un orgasmo compartido.

22) *La RES es un pañuelo:*

Una usuaria nos contó como ella y una amiga suya, la cual vivía en distinta ciudad, habían coincidido en la conquista y coqueteo de un mismo señor en la RES. Al compartir la información, la segunda en cronología optó a no continuar la conquista del pretendiente. Manifestó que se negaba a compartir algo más que una amistad con la primera. Usuaria, que sí había consumado la aventura con el coincidente hombre.

23) *Viaje por placer:*

Esto que narramos a continuación más que una anécdota es un proceder muy habitual de los usuarios de una RES. Consiste en aprovechar un viaje cercano a una ciudad, ya sea por ocio o placer, para inscribirse en la RES como falso habitante de ella. Con esto, consiguen ir preparándose una aventura para esos días de viaje, y llegar al destino en cuestión con la seducción terminada. Eso es viajar a tiro hecho.

24) *"Soi sinpatica y dibertida":*

Las faltas de ortografía en la RES acusan de cierta falta de inteligencia general, o por lo menos ese es el prejuicio establecido. En esta anécdota nos encontramos personalmente con un perfil que en el apartado para describirse presentaba estas únicas tres palabras:

"Soi sinpatica y dibertida".

Estadísticamente es muy poco probable que empleemos sólo tres vocablos para una frase y en los tres exista falta de ortografía, pero... Las RES una vez más, nos muestran lo imposible.

25) *Por donde ha pasado una leona...*

Curiosa conversación la que protagonizó nuestro colaborador, con una usuaria de la RES, la cual a las primeras insinuaciones sexuales, ni corta, ni perezosa, soltó una perla que merece ser incluida en este capítulo de anécdotas. Demuestra gracia, salero, desparpajo, y el carácter de alguien que no se deja amedrentar por unas proposiciones subidas de tono:

"Por donde ha pasado una leona...no tapa las huellas una gatita".

33-El final feliz

No encontré mejor fin para este libro, que hablar del mejor final que se puede encontrar para la estancia en una Res. Un último capítulo dedicado a esa situación maravillosa, a ese objetivo sublime:

"El enamoramiento"

Los manuales de psicología, los libros de autor, o los ensayos sobre el ser humano, no contienen una definición científica y operativa de lo que es estar enamorado.

No existe una descripción sintomatológica para definir el amor. Es por ello, que desde este libro sobre las relaciones, vamos a expresar las definiciones conceptuales más acordes que hemos encontrado.

Para definir un concepto tan abstracto como el amor, hemos de primero aclarar o definir lo que NO es Amor.

Esta ambigüedad en la definición precisamente es lo que da lugar a una múltiple variedad de subjetividades, impresiones y desviaciones, que cada uno emplea para definir el concepto amor. Dicha arbitrariedad es lo que nos lleva en muchas ocasiones a creer o interpretar el estado que sufrimos como AMOR, cuando no lo es.

Los falsos positivos más habituales sobre el fenómeno estar enamorado son:

—El amor NO es, estar enganchado a una persona por la que NO sentimos admiración alguna.

—El amor No es, depender de alguien porque no hay nada mejor opción a nuestro alrededor, y nos asusta quedarnos solos.

—El amor No es la conveniencia económica, o social de mantener una unidad económica o familiar.

—El amor No es, estar desconcertado/a porque a veces nos recompensan y a veces no.

—El amor No es, el no poder olvidar a alguien porque nos ha hecho daño y tenemos ese rencor acumulado en nuestro interior, rencor que necesitamos desahogar y escupir.

—El amor NO es, la conveniencia de seguir la rutina y la costumbre.

—El amor No es, estar con alguien bien y a gusto, durante unos pocos momentos de toda singladura cotidiana, momentos dulces donde con cualquier otra persona nos sentiríamos similar, siendo el resto del tiempo un infierno.

—El amor No es, estar con alguien porque nos provoca un gran atractivo sexual, pero en el resto de sus facetas personales nos decepciona.

—El amor No es, tener a alguien siempre en la cabeza porque nos ha maltratado, o nos ha dejado a medias en una relación que acaba sin explicación.

—El amor No es, la curiosidad que nos engancha en averiguar por qué se terminó una relación.

—El amor no es el pique, el odio, la disputa constante, la lucha de egos y orgullos, de quién domina a quién, o quién abandona a quién.

—Querer a alguien no es sufrir por él, no es odiarlo, es algo mucho más puro, positivo y saludable que eso.

—Ni si quiera querer a alguien es echarlo de menos cuando no está, o tener celos... también es mucho más que eso.

Los conceptos que mejor reúnen las características para definir que es estar realmente enamorado de alguien, son las siguientes:

"Querer a alguien es la desinteresada tarea de dejarle la libertad para que sea quien en realidad es".

Esta forma de querer es la sincera, aquella en la que cogemos la esencia de la persona amada y ayudamos todo lo posible en que crezca, mejore, y se desarrolle. No la acotamos, no la manipulamos o modelamos a nuestro interés, simplemente ayudamos a que esa persona sea lo mejor que puede ser. Y si en esta misión tan altruista, somos capaces de acompañar siendo felices mientras apoyamos... entonces habremos encontrado la persona compatible, con la que ser felices..

"El amor no es más que amistad con admiración", anónimo.

La admiración por las cualidades internas del ser, de la persona amada. Aspectos de su personalidad que nos hagan sentirnos orgullosos de ella. Que nos hagan sentirnos afortunados de haber tenido la suerte de coincidir y disfrutar de alguien así.

"El amor es una amistad con momentos eróticos",
escribió Antonio Gala.

No es necesario, por obvio, resaltar el detalle de que la atracción física y/o el disfrute sexual es necesario para definir una pareja sentimental. Sí es necesario destacar lo que Antonio Gala lanzó a reflexión...

…Es una amistad.

La fusión de ambas ideas nos da un concepto muy completo de lo que podemos considerar amor:

"El amor es una amistad con admiración, y momentos eróticos".

Durante el largo camino que nos ha llevado escribir este libro, camino que termina aquí y ahora, igual que para vosotros queridos lectores, su lectura. Hemos tenido la suerte de ser testigos de personas que han encontrado en una RES a alguien para compartir su vida a nivel sentimental.

Hemos sido felices al peritar la realidad de parejas estables, matrimonios, y en resumen muchos cimientos de futuras familias, provenientes de una primera conversación en el chat de una RES.

Recomendación final: al margen del resultado que obtengamos durante nuestra permanencia en la RES, lo que encarecidamente recomendamos desde este libro es que se haga disfrutando. Siendo y demostrando la más divertida y desinteresada versión de uno mismo. Regala lo mejor que tengas y haz sentir bien a los demás. Con esta actitud pase lo que pase, acabaras orgulloso en el intento…

…tanto en la Res como en la vida.

Quiero despedir este libro alentando a todo aquel que lo haya leído, a no perder nunca, por muy negra que pinte la noche, la ilusión por el amor, por el ser humano…y por alcanzar su felicidad.

FIN

Resumen de recomendaciones

A modo de guía de consulta rápida, queremos resumir las recomendaciones fundamentales presentadas en este libro, con el fin de que nuestros lectores puedan dar un vistazo rápido y general.

1) Esfuérzate en aprender para adaptarte a este nuevo entorno. Permítete fracasar en el intento, prepárate para no entender muchas de las cosas que suceden. Para no comprender gran parte de las actitudes recibidas. Mentalízate para un mundo nuevo de reglas interpersonales, donde sin duda el que mejor se adapte, evolucionará.

Capítulo 1: "El cambio de chip".

2) Especifica en tu perfil de la manera más exacta, concreta y operativa posible, al menos, lo que NO quieres que te ocurra. También el tipo de persona y comportamiento, que NO quieres encontrar. Si además puedes detallar lo que te hace feliz de los demás, gran parte del camino de tropiezos y búsqueda infructuosa habrá sido esquivado.

3) Reflexiona y ten bien preparada una respuesta, clara y sincera, a la cuestión: ¿Qué buscas aquí?

Capítulo 2: "Ordena tus prioridades".

4) Recomendación femenina: analizar vuestras sensaciones reales, desmarcándose de lo educado o lo socialmente bien

visto. No inundéis el perfil de promesas sobre el interior del ser humano, salvo que en realidad lo penséis o sintáis, y no cribéis por lo físico. De hacer esto, caeréis en contradicciones injustas para con los usuarios que os atiendan.

5) Recomendación masculina: tú físico servirá criba, en el mismo sentido que tú cribarás a tus pretendientes por el suyo. Sé consciente de ello e intenta manejar esto a tu favor.

Capítulo 3: "La importancia de la fotogenia".

6) Selecciona tu estrategia fotogénica basándote en tus puntos fuertes y débiles, tanto en el físico como en el trato personal. Sea cual fuera la estrategia elegida, empléala sin engañar a los demás usuarios.

7) Una foto sonriente, en un ambiente agradable rodeado/a de amistades, es el receptor universal, que demuestra estar disponible para recibir nuevas interacciones sociales.

8) No incluir en el perfil fotografías de distintos momentos de nuestra vida, que muestren apariencias físicas muy dispares entre sí, ni muy diferentes a la que tenemos en la actualidad.

Capítulo 4: "La foto real adecuada".

9) Sé sincero y aclaralo en la entrada de la conversación (si tu foto no es real), cuando seas tú quien se presenta. O en el perfil, para cuando recibas visitas ajenas. Una explicación previa es la única forma de evitar las sospechas negativas, y así poder mantener nuestro estatus de anónimo sin ser rechazados por los buscadores de la RES.

Capítulo 5: "Quien se esconde...lo feo oculta".

10) Para aquellas personas que no encuentren la certeza suficiente en las fotos del perfil o en las conversaciones por chat, y no quieran caer en la trampa de la dilación excesiva chateando con un ilusionante "desconocido". Para estos desconfiados/as incorregibles, aconsejamos el paso intermedio:

Usar la videoconferencia. Con ella conseguirán impresiones y detalles de la comunicación no verbal. Sin llegar esto a ser, lo que la realidad nos aporta, nos informará más que las instantáneas estáticas o las conversaciones a ciegas.

11) Realizar una llamada con número oculto para disfrutar de una conversación más rica y reducir así la desconfianza.

12) El encuentro en directo, es el único y definitivo juez valido y eficaz para determinar el feeling con una persona. Hemos de buscarlo como último objetivo, con o sin, los pasos intermedios de las recomendaciones 10 y 11.

Capítulo 6: "Un café vale más que mil imágenes".

13) Esfuérzate en la configuración de la entrada, sobre todo si se ha demostrado que tus fotos NO suponen un impacto arrasador en los usuarios del sexo contrario. Recuerda:

"Una mala entrada... es una pronta salida".

14) No es recomendable adular de manera insistente a nuestro usuario/a destino. Algún comentario sutil allana el camino, mientras la exageración se vuelve incómoda y poco creíble.

15) Es aconsejable mostrar interés en la situación vital de la persona, pero sin llegar a caer en el interrogatorio unidireccional. Las preguntas han de fluir incluidas en el contexto de una charla coloquial.

Capítulo 7: "Un buen principio".

16) Cuida tu ortografía, empleando el corrector ortográfico o alguna web de corrección y consulta, en caso de que tengas duda sobre algunas palabras. Más vale tardar unos segundos en responder, que hacerlo de manera que insinúe cierta falta de formación e inteligencia. En el perfil, las faltas de ortografía para muchos usuarios, descubren nuestra falta de inteligencia.

17) Un perfil rico y variado en información sobre gustos, aficiones, etc; da una impresión de persona sofisticada e interesante de conocer. Cuanto más detalles tu perfil, más despertarás el interés por coincidencia, con los usuarios que te visiten.

Capítulo 8: "Perfil de confirmación".

18) Ordena y sistematiza la selección de tus objetivos para realizar búsquedas más eficaces y reducir el tiempo de espera infructuosa. Recuerda que las personas pueden permanecer en la Res un tiempo limitado.

19) No abarques más de tres personas al unísono en las RES. Dará lugar a errores en el recuerdo de lo charlado, y te dificultará planificar la seducción especial y particular, que cada usuario merece.

Capítulo 9: "La búsqueda sistemática de los objetivos".

20) Analiza primero tus puntos fuertes y débiles en la interacción online con otras personas. Debes hacerte consciente de los aspectos de tu personalidad que pueden seducir a los demás, y de aquellos defectos que pueden provocar un rechazo. Mostrando los primeros preferentemente.

21) No exijas nada a los demás usuarios, que no puedas corresponder, ya sea en el aspecto físico, o en las capacidades conversacionales y comunicativas.

Capítulo 10: "La congruencia en el físico".

22) Emplea el esfuerzo necesario en ser asertivo. Aprende a expresar tus derechos sin ofender a los demás, y no te dejes atropellar por ellos. El uso de la asertividad te hará mejor persona tanto en las RES como fuera de estas.

Capítulo 11: "Rechazar de forma asertiva".

23) "PACIENCIA", si esta se acaba, visitamos el bazar de la esquina y compramos más "PACIENCIA". En las RES, por su habitual estilo de uso y las formas de interacción que en esta guía vamos detallando, sin paciencia...no habrá éxito.

24) No estar a la espera de un único usuario para iniciar interacción, esto nos hará desesperar y perder la confianza en la utilidad de las Res.

25) Establece un tiempo fijo de espera para la primera respuesta, cuando intentas iniciar conversación con un usuario. Tras ese margen de tiempo, descártalo y pasa a la siguiente búsqueda.

Capítulo 12: "Aceptar ser rechazado".

26) Presta atención y planifica bien el horario en el que asistes a la RES. Te permitirá aprovechar al máximo el tiempo de conexión que le dediques, y encontrar la mejor disponibilidad de los otros usuarios.

Capítulo 13: "Influencia horaria".

27) El momento que escojamos para presentar la oferta a conocerse en la realidad, debe estar acorde con las intenciones de nuestro usuario/a objetivo, y con lo tratado en la conversación. Emplea la sutileza, te servirá tanto si aciertas como si hierras en el momento elegido para hacer la proposición.

Capítulo 14: "El momento de la proposición".

28) Hay que estar siempre abierto al público, para vender mejor tu producto. De lo contrario, el efecto de inmediatez hará que otros candidatos nos adelanten.

Capítulo 15: "Más vale usuario online...".

29) Sea cual fuere el objetivo, siempre es idóneo lograr en la primera cita un ambiente de tranquilidad, confianza y buena sintonía con la persona que ha salido del escondite online para conocernos. A partir de aquí se cimentará cualquier tipo de relación futura.

30) Configura una primera cita breve, que por motivos expresados de ante mano, sólo pueda durar treinta minutos máximo. Así, en esa primera toma de contacto recogeremos una primera impresión que aporte más de lo descubierto en internet. Evitando con esto pasar un amargo y largo rato, si estamos a disgusto.

Capítulo 16: "La primera vez nunca se olvida".

31) Cuando notes que tus ilusiones crecen, intenta confirmar lo antes posible, fuera de la red, la existencia y real esencia de la persona que tienes al otro lado del chat. Si hay algo en lo

que no merezca la pena perder el tiempo, o caminar sobre pies de aire, son las emociones sentimentales.

32) Sospecha cuando te hayas enamorado de lo que te querías enamorar, puede que seas tú quien haya provocado esa emoción, y no esté evocada por la persona en cuestión.

Capítulo 17: "Te pinté como yo quería".

33) El uso de las RES hemos de tomarlo con calma. Nunca debemos perder el timón de nuestras sensaciones de euforia dentro de conocer tanta novedad atrayente. Esto nos permitirá permanecer estables en nuestro comportamiento.

34) NO es bueno situar todos los huevos en la cesta de las RES, hay que buscar también alternativas de nuevas interacciones sociales en la realidad.

Capítulo 18: "La trampa del entusiasmo".

35) Cada diez minutos de chat son como un minuto de interacción en la realidad. No intérpretes que llevas mucho avanzado cuando NO es así, de lo contrario la frustración llamará a tu puerta... y sufrirás el gatillazo Res.

Capítulo 19: "El gatillazo RES".

36) Al sembrar, lo que hacemos es mantener algunos contactos esporádicos, relajados y agradables, sin mayor intimación, a la espera de que llegue la oportunidad de entregarse en la realidad al conocimiento de la persona. Para esto podemos por ejemplo, compartir un par de conversaciones breves a la semana.

Capítulo 20: "Una excepción, a largo plazo".

37) Abandonar de manera educada, pero drástica la interacción con barcos sin rumbo. El comportamiento normal de estas personas a la deriva, ante esta despedida, sería no insistirnos demasiado, ni echarnos de menos. En el caso de que muestre algún signo contrario a la apatía, podemos dar la última oportunidad en aras de confirmar sus intenciones pasatiempo, ofreciéndole una cita en la realidad.

Capítulo 21: "El barco sin rumbo".

38) Al confirmar los detalles descritos en el capítulo, que nos demuestren estar en presencia de personas con este grado de inestabilidad. Evitar y protegernos de la influencia destructiva de estas toxinas vivientes. Al contrario de los barcos sin rumbo, con estas personas, no hay lugar a segundas oportunidades.

Capítulo 22: "Hoy sí, mañana ya veremos".

39) Tener en consideración la posibilidad de un cese en la interacción por motivos ajenos a nosotros. De este modo NO nos frustraremos, culparemos o decepcionaremos a nosotros mismos, cuando las desapariciones fantasmas comiencen.

Capítulo 23: "Los otros también juegan".

40) Intenta averiguar en la primera conversación las expectativas de logro que tiene la persona, sobre conocer en la realidad a personas contactadas en internet.

41) No intuyas, ni adivines, simplemente charla y pregunta con sigilo. En el caso de que esté muy a la defensiva, o incluso despectiva hacia el entorno online, es mejor descartar a usuario/a con actitud tan negativa y recelosa.

Capítulo 24: "¿En qué piensan los demás?".

42) Si sospechas sufrir un catfish, investiga usando otros perfiles. Emplea el tuyo para hacer las mismas preguntas unos días después o en la cita real, para comprobar la permanencia de las respuestas. Si encuentras una estafa denúncialo de manera expresa a la dirección de la plataforma.

Capítulo 25: "Cuidado con el Catfish".

43) Tomarse unos segundos para denunciar a los estafadores dentro de la RES. Conseguiremos unas Res más íntegras, lo que a su vez redundará en un beneficio común para todos.

Capítulo 26: "Denuncia legítima".

44) Al empezar a indagar en los otros usuarios hemos de tener en cuenta las defensas automáticas de las acusaciones tradicionales, y no darles más importancia que el mero hecho de querer mostrarse como socialmente aceptados. Una vez salvado ese escollo, podremos conocer sus intenciones reales.

Capítulo 27: "Los prejuicios en las Res".

45) Expresa de manera asertiva tu derecho a mantener varias interacciones a la vez, siempre y cuando, esto no suponga un descenso en tus tiempos de respuesta ni en la calidad de esta.

En el caso de que esto no lo puedas garantizar, será mejor que priorices una conversación.

Capítulo 28: "Infidelidad RES".

46) Al principio de mostrarnos conductas y desconsideraciones hacia nuestro valor como persona, hemos de interrumpir ipso facto la interacción con el/la usuario/a en cuestión. Sin dejar pasar un mensaje más, ni ofrecer segundas o terceras oportunidades. ¡Cuidado!, los manipuladores psicológicos son expertos en ganarse el derecho a segundas oportunidades, que no merecen.

Capítulo 29: "Tolerancia cero".

47) Todo usuario RES, que se encuentre un caso comercial, debe denunciarlo con el máximo esmero y exposición de los detalles, a los organizadores de la plataforma internauta.

Capítulo 30: "Comercio en la Res".

48) Las mentiras, no usarlas... Y mucho menos, permitirlas.

Capítulo 31: "Mentiras habituales".

49) Disfruta de la singularidad de las Res.

Capítulo 32: "Anecdotario".

50) Sé y muestra la más divertida y desinteresada versión de ti mismo. Regala lo mejor que tengas y haz sentir bien a los demás. Con esta actitud pase lo que pase, acabaras orgulloso en el intento...

...tanto en la Res como en la vida

Capítulo 33: "El final feliz".